대림절 묵상

예수그리스도
ADVENT
MEDITATIONS

대림절 묵상

예수 그리스도
ADVENT
MEDITATIONS

도서출판
JKSC

추천의 글

우리 교단에서 대림절 묵상 교재를 만든 것은 처음 있는 일입니다. 저에게는 예수님을 기다리는 절기에 성도들이 말씀으로 묵상할 수 있는 자료가 있었으면 하는 바람이 있었습니다. 그러다가 교육국에서 이 일을 하면 어떨까를 제안했는데, 저도 알지 못하는 사이 이렇게 교재가 만들어졌습니다.

대림절(待臨節)은 그리스도의 오심을 기다리는 절기 입니다. 성경은 예수님의 오심에 대한 하나님의 약속을 계속 이야기하고 있습니다. 그 약속은 자신의 아들을 세상에 보내시는 하나님의 계획이십니다.

이번 발행 되어진 묵상집은 예수님의 오심을 준비하는 모든 분들에게 성탄절을 기쁨으로 맞게 할 것입니다. 지금은 알 수 없는 미래에 대한 두려움과 단절로 힘든 시간들입니다. 상처로 얼룩진 일상의 삶이 있습니다. 상실과 분노, 안일한 영적인 잠에 빠지게 합니다. 그럼에도 어두움의 시간에 빛으로 오신 예수님을 경배하는 시간이 다가옵니다. 별 따라 먼 길 왔던 박사들처럼, 천사들의 소식에 발길을 옮기던 목자와 같이 묵상집을 통하여 예수님을 만나 경배하기를 소망합니다. 왕으로 오실 예수님을 묵상하고 그분의 임재와 권능, 영광과 약속을 붙잡을 때 새날이 시작 됩니다.

대림절 4주간, 높은 곳에서는 하나님께 영광, 땅에는 평화, 약속을 기다리는 자를 위한 시간입니다. 매일의 삶에서 묵상을 통해 복된 소식을 이웃에게 전하는 삶으로의 전환점이 되는 대림절을 맞으시길 바랍니다. 이 묵상집이 교단과 교회 그리고 모든 예성 가족들에게 아름다운 신앙 유익이 될 것을 확신하며 기쁘게 추천합니다. "내 눈이 주의 구원을 보았사오니"(눅 2:30).

2021년 11월 15일
100회기 총회장 이 상 문 목사

대림절 묵상을 위한 성경이해

예수님께서 개개인을 포함한 온 인류의 창조주가 되시고, 왕이 되시며 구원주가 되심은 변하지 않는 진리이며 복음입니다. 그러나 이러한 역사적 진리에 도달하는 방법에는 차이가 있습니다. 성경을 대하는 위치와 관점의 차이가 방법의 차이를 존재케 합니다. 즉 개인의 문제(죄, 물질, 사망 등)로 출발하면 예수님은 개인의 죄를 해결하는 범위 안에서 이해되어집니다. 또한 공동체와 하나님과 그분의 계획과 기대도 약화되어집니다. 따라서 개인과 사회적 상황을 뛰어넘어 성경 본문을 통해 하나님께서 말씀하시고 온 인류에게 전달하려는 것이 무엇인지에 귀를 기울임이 우선되어야 합니다. 오늘날 개인과 사회의 시급한 문제를 잠시 뒤로 한 채 성경을 통해 말씀하시는 하나님의 생생한 음성에 집중하여야 합니다.

첫째, 성경을 인간의 현주소가 아닌 창조주 하나님의 입장에서 읽고 이해해야 합니다. 둘째, 개인이 아닌 하나님나라 공동체 차원에서 읽을 수 있어야 합니다. 셋째, 시간적 순서가 아닌 통전적으로 이해하여야 합니다. 넷째, 성경을 해석하는 차원이 아닌 영원한 하나님과 그분의 말씀 앞에 유한한 인간이 해석되기를 원해야 합니다. 다섯째, 고난과 시험은 죄의 결과가 아닌 처음부터 하나님의 창조계획 속에 있었음을 인지하고 시험과 고난을 통해 개인은 하나님 형상으로, 공동체는 하나님나라로 창조해 가시는 십자가의 지혜와 비밀을 이해해야 합니다.

신약성경의 사복음서는 "예수님이 어떤 분이신가?" 라는 질문에 대답하고, 증명하면서 아울러 그분을 증거하고 있습니다. 사복음서 저자들은 예수님을 증거 하기 위해 구약성경으로 거슬러 올라갑니다. 가깝게는 다윗과 아브라함(마1:1)으로 시작하여 멀게는 인류의 첫 사람인 아담까지(눅3:23-38), 그리고 하나님의 아들(막1:1)이며 창조주 하나님 자신(요1:1)임을 증거 합니다. 사도들을 통한 복음은 예수님께서 하나님의 아들이시며 구약에 약속된 그리스도이심을 전파합니다. 따라서 예수님을 조금이라도 더 이해하기 위해서는 반드시 구약성경에 근거하여야 함을 알 수 있습니다. 한걸음 더 나아가 창세기 처음인 창조계획(창1:1-2:3, 넓게는 창1:1-3:24) 본문에서부터 창조의 완성인 예수님을 바라보게 합니다.

성경을 이해하는 구조는 몇 가지로 이해 할 수 있습니다.

첫째, "창조 → 타락 → 구속"인 구속사적 이해. 둘째, "창조언약 → 노아 → 아브라함 → 시내산 → 모압 → 다윗 → 새 언약"인 언약관점 이해. 셋째, 하나님나라 관점 이해. 넷째, 성전신학적 이해. 다섯째, 제사장 관점 이해입니다.

마지막으로 "첫 창조 → 새 창조"인 창조관점으로 이는 위의 모든 관점을 포괄하여 이해하는 것입니다. 즉 창세기 1-2장을 창조의 계획으로, 계시록 21-22장을 창조의 완성으로, 그리고 창3장부터 계시록 20장까지를 창조의 과정으로 이해하는 것입니다. 이러한 창조 이해는 예수님이 어떤 분이신지, 왜 반드시 예수님이어야만 하는지 그 이유가 더욱 분명하고 확고해집니다.

하나님의 아들이시며 그리스도이신 예수님의 오심(초림과 재림)은 창조의 계획인 창세기부터 완성인 요한계시록까지 인류의 역사와 개개인의 인생 속에 나타나 있습니다. 따라서 성경의 전반적인 본문(인류사, 이스라엘사, 개인사) 속에 내

포되어 있는 예수님의 오심에 대한 계획, 대망, 성취를 조망해 보고자 합니다.

성경은 창세기 처음부터 계시록까지 인류를 대상으로 말씀하고 계십니다. 즉 이스라엘이 주인공이 아니라 하나님의 계획과 관심은 처음부터 온 인류에게 있다는 사실입니다. 다만 제사장 나라로 이스라엘을 사용할 뿐, 이스라엘의 구원이 최종 목적이 아니라는 것입니다. 하나님은 모든 민족이(창 12:1-3) 복 받고, 모든 사람이(딤전2:4) 구원 받기를 처음부터 원하신다고 말씀하십니다.

여전히 하나님은 창조를 진행하고 계시기에 그리스도인의 앞길은 더욱 밝을 수밖에 없습니다. 독자들의 신앙적 건승과 이 대림절 묵상의 글을 통해 다시 오실 우리 주 예수 그리스도에 대한 사모함의 소망이 더욱 굳건해 지는 은혜가 있기를 소망합니다.

2021년 11월 15일
공동 집필자 장종용 목사
조명선 목사
김순홍 목사
서성용 목사
김은정 목사

CONTENTS

그 길

아무도 밟지 않은 그 길
주님께서 밟으러 오셨네
아무도 가고 싶지 않은 그 길
주님께서 가시려 오셨네

아직은 걸음마조차 할 수 없는 아기 예수
그 길, 걷기 위해 오셨네

아무도 찾지 않는 우리 위해
주님 찾아오셨네

십자가의 길,
주님 밟고 걸으신 그 길로 구원을 얻었네

노래하며 춤을 추고

감사의 말 눈물로 대신하며

떨어진 눈물 한 방울

아기 예수 환하게 웃네

눈물 한 방울 기대하고

아기 예수는 자라

그 길 밟고 걸어가네.

-대림절을 맞이하며-

총회 교육국장 서경원 목사

대림절 묵상
첫째 주

하나님의 형상이 바로 "나"

창세기 1장 24-31절

> "하나님이 이르시되 우리의 형상을 따라 우리의 모양대로 우리가 사람을 만들고 그들로 바다의 물고기와 하늘의 새와 가축과 온 땅과 땅에 기는 모든 것을 다스리게 하자 하시고"

성경은 크게 두 가지를 말합니다. 하나는 "하나님은 어떤 분이신가?"에 대한 것입니다. 다른 하나는 "사람은 누구이며 어떻게 살아야 하는가?"하는 것입니다. 그리고 그것에 대해 답을 합니다.

오늘은 주의 오심을 기다리는 대림절 첫 날입니다. 하나님의 자녀는 이미 오셨지만, 다시 오실 예수님을 기다리는 심정으로 대림절을 맞이해야 합니다. 그러기 위해 하나님의 자녀는 다시 한 번 "하나님"과 "나"에 대한 생각을 정리를 할 필요가 있다고 생각합니다. 하나님은 창세기 1장을 통해 창조주이시며, 사람은 하나님의 창조물임을 선포하고 있습니다. 이것은 하나님과 사람의 관계가 어떠한지를 알려주는 말씀입니다.

하나님은 천지와 만물을 창조하실 때 "창조의 계획"이 있으셨습니다. 하나님은 세상 만물, 즉 사람에게 필요한 모든 것들을 완벽하게 먼저 만드셨습니다. 그리고 계획된 사람(남자와 여자)을 창조하셨습니다. 그 계획은 이렇습니다. "우리의 형상을 따라 우리의 모양대로 우리가 사람을 만들자"(창 1:24).

하나님은 사람을 당신의 형상과 모양대로 만드시고, 만들어진 사람에게 세상을 다스리는 통치권을 주셨습니다. "그들로 바다의 물고기와 하늘의 새와 가축과 온 땅과 땅에 기는 모든 것을 다스리게 하자." 이것은 통치권을 위임 받은 사람이 하나님 앞에 어떤 자세로 살아야하는지를 잘 알려줍니다. 하나님은 사람에게 특권을 주셨고, 사람은 받은 특권을 따라 "하나님의 뜻과 의도"를 나타내기 위해 하나님의 청지기로서 살아야 합니다. 청지기가 해야 할 일은 주인에게 순종하는 것입니다. 사람이 먹고 사는 일은 이미 주어진 복입니다. 사람은 땅에 충만하면 되고, 땅을 정복하면 되며, 모든 생물을 다스리는 일에만 집중하면 됩니다. 이것 또한 하나님이 사람에게 주신 축복입니다. 이것은 피조물들(생명체)과 사람의 차이입니다.

그러나 사람은 이러한 엄청난 축복에도 불구하고 아쉽게도 하나님의 뜻과 다른 삶을 추구합니다. 창조의 목적에 부합된 삶을 삽니다. 창조주 하나님의 마음을 아프게 합니다. 사람은 스스로 하나님의 형상에 상처를 입혔습니다. 사람은 선택을 잘하지 못했습니다. 주인에게 순종하지 못했습니다. 예수님이 오셔야 할 이유입니다.

잘못된 선택은 잘못된 결과를 가져옵니다. 옛 광고 문구가 생각납니다. "한번 선택이 십년을 좌우한다." 우리의 선택은 십년이 아니고, 평생도 아니고 영원함에 있음을 기억합시다.

기도

하나님의 선한 창조 계획이 나와 교회 공동체 안에 온전히 이루어지기 원합니다. 피조물로서의 내 위치를 잘 기억하고, 위임 받은 통치권을 주님의 뜻을 따라 행하기를 원합니다. 하나님의 형상을 내 안에서 잘 유지하는 지혜가 있게 도와주소서.

묵상노트

하나님이 되고 싶은 "나"의 욕망

창세기 3장 1-21절

> "너희가 그것을 먹는 날에는 너희 눈이 밝아져 하나님과 같이 되어 선악을 알 줄 하나님이 아심이니라 …… 여자가 그 열매를 따 먹고 자기와 함께 있는 남편에게도 주매 그도 먹은지라"

하나님과 사람 사이에는 "관계 질서의 유지"가 반드시 필요합니다. 왜냐하면 하나님이 당신의 형상을 따라 사람을 만들었기 때문입니다.

한 가지 주의 깊게 생각할 것이 있습니다. 하나님의 형상을 따라 사람이 만들어졌다는 것은 사람이 하나님의 형상을 계속적으로 유지해야 한다는 것을 의미합니다. 사람은 하나님의 형상을 유지하기 위해서 하나님의 통치 위임에 항상 순종해야만 합니다.

하나님이 만드신 동산에 아담과 하와가 살았습니다. 동산 중앙에는 선악을 알게 하는 나무가 있었습니다. 하나님은 그 나무의 열매를 먹지 말라고 말씀하셨습니다. 먹으면 죽는 다고 경고합니다. 어느 날 사단이 뱀으로 위장하여 사람(하와)에게 다가섰습니다. 그리고는 금지한 열매를 먹으라고 합니다. 하와는 처음에는 거절하지만 결국 열매를 먹고 남편인 아담에게도 주었습니다. 하와는 하나님의 말씀과 사단의 말에 혼란을 겪습니다. 하와의 마음을 훔친 것은 결국 탐심이라는 유혹이었습니다. "하나님과 같이 된다. 오호라. 내가 하나님과 같이 될 수 있구나!"라는 탐심입니다. 이것은 전적인 하와의 선택입니다. 사단의 협박에 있지 않습니다,

사람은 하나님의 창조물입니다. 아무리 해도 하나님과 같이 될 수는 없습니다. 사람이 서 있어야 할 위치는 하나님 앞입니다. 그분 앞에서 그분의 말씀을 듣고 순종하는 삶입니다. 그런데 사람은 결코 이룰 수 없는 욕망에 사로잡혔습니

다. 이것 때문에 사람은 하나님과의 관계 질서에 금이 가버렸습니다. 아니 파기되었습니다. 성경은 이것을 죄라고 말합니다. 이것 때문에 세상은 혼란으로 변했습니다. 사람은 더 이상 통치권을 유지할 수 없습니다. 이 땅의 질서는 뒤죽박죽이 되었습니다. 남녀동등에서 상하 관계로 만들어졌고, 먹고 살기 위해 수고의 땀을 흘려야 합니다.

사람은 이제 더 이상 하나님과 관계를 바로 세울 수 없습니다. 예수님이 필요한 이유입니다. 예수님만으로 하나님과의 관계를 바로 잡을 수 있습니다. 사람이 하나님의 형상을 회복할 수 있는 유일한 방책이 예수님입니다.

사람의 욕망[탐욕]은 끝이 없습니다. 더군다나 하나님과 같이 되려는 욕망도 버리지 않습니다. 이룰 수 없는 것에 목숨을 걸고 달려갑니다. 현재 주어진 것에 만족함을 갖지 않습니다. 그리고는 잘못되면 하나님을 원망하고 조상 탓을 합니다. 아닙니다. 전적인 자신의 문제입니다.

기도

내겐 꼭 예수님이 필요합니다. 잃어버린 하나님의 형상이 속히 내게서 회복되기를 원합니다. 더 이상 욕심에 사로잡힌 삶이 되지 않기를 원합니다. 날마다 내 마음에 예수님이 오시기를 기도합니다.

묵상노트

새판 짜기

창세기 6장 1-22절

> "내가 창조한 사람을 내가 지면에서 쓸어버리되 사람으로부터 가축과 기는 것과 공중의 새까지 그리하리니 …… 그러나 노아는 여호와께 은혜를 입었더라"

도예(陶藝) 가는 최상의 흙을 구하고 최선을 다해 자기가 원하는 모양의 그릇을 빚습니다. 만들어진 그릇에 그림이나 글을 각인합니다. 유약도 바릅니다. 혼신의 힘을 다합니다. 이제 만들어진 그릇을 가마에 넣습니다. 굽기가 끝나면 하나씩 그릇을 확인하며 가지고 나옵니다. 원하는 대로 나오면 입가에 미소가 지어지지만 그렇지 않을 때는 바닥에 내 팽개칩니다. 주변 사람들이 볼 때는 별 문제가 없어보

여도 말입니다. 그리고 다시 새롭게 만듭니다.

하나님은 세상 만물을 창조하실 때 "보시기에 좋았다"고 했습니다. 특히 사람을 만드신 후에는 "보시기에 심히 좋았다"로 표현하셨습니다(창 1:31). 그러나 안타깝게도 하나님의 마음은 심히 좋았던 사람에 대해 시간이지나면서 "한탄과 후회"(창 6:6)로 변합니다. 한탄하시는 하나님은 이 세상을 새판으로 짜실 계획을 세우십니다. 기존의 것을 부수고 새로운 판, 즉 새 시대를 세우실 계획입니다.

하나님의 새 계획은 이유가 있습니다. 사람이 하나님의 뜻을 따라 살지 않고 자신들의 뜻대로 살았기 때문입니다. 아담 - 가인 - 라멕으로 죄가 이어지다 종국에는 죄악이 세상에 관영했기 때문입니다. 하나님은 사람이 죄를 지을 때마다 은혜로 그들의 죄를 가려주셨습니다. 아담에게는 무화과 나뭇잎 대신 가죽 옷으로, 가인에게는 죽임을 면하게 하는 표로 말입니다. 그럼에도 사람은 의기양양하게 계속해서 더 많은 죄 가운데 삽니다. 할 수 없이 하나님은 과거를 청산하기로 작정하셨습니다. 그것은 하나님의 심판으로 나타납니다.

악한 세상 가운데 그래도 하나님의 은혜를 입은 한 사람이 있습니다. 그 사람은 바로 노아입니다. 노아는 당대에 의인이고 완전한 사람이었다고 성경은 말합니다. 죄악 속에서 홀로 의로운 삶을 산다는 것이 얼마나 외롭고 힘든 삶이었을지는 충분히 이해 할 수 있습니다. 노아는 그 모든 역경을 하나님과 동행함으로 이겨냈습니다. 하나님은 세상에 심판을 내리셨고, 그 심판의 때 노아는 하나님의 은혜로 구원을 얻습니다. 하나님은 노아를 구원하시고 세상을 새판으로 짜셨습니다. 그러나 아직 하나님의 새판 짜기 계획은 남아 있습니다. 하나님의 새판에 꼭 필요한 것은 예수 그리스도이십니다. 하나님의 자녀가 예수님을 기다리는 것은 이 때문입니다.

'바늘 도둑이 소 도둑 된다.'는 말이 있습니다. 이것은 죄가 계속해서 커진다는 의미입니다. 하나님 앞에 사람들의 죄는 이와 같이 계속 확장되었습니다. 하나님의 자녀는 하나님의 심판과 구원이 환경과 상황에 있지 않고 "하나님과의 관계"에 달려 있음을 기억해야만 합니다.

기도

죄악이 가득한 세상에서도 의인, 완전한 자, 하나님과 동행한 자로 인정받은 노아와 같은 믿음의 성도로 살기 원합니다. 희망이요 빛이신 예수님의 오심과 다시 오심을 사모하며 인내로 믿음을 지키게 하옵소서!

묵상노트

부르심과 약속

창세기 12장 1-4절

> "내가 너로 큰 민족을 이루고 네게 복을 주어 네 이름을 창대하게 하리니 너는 복의 근원이 될지라 …… 땅의 모든 족속이 너로 말미암아 복을 얻을 것이라"

성경은 하나님의 부르심에 응답한 여러 사람들을 소개합니다. 믿음의 선진들은 하나님의 부르심을 거부하지 않았습니다. 하나님의 부르심은 결코 사람이 생각하는 평탄의 길만 주어지지는 않습니다. 거기에는 고난과 수고, 더 나아가 생명을 걸기도 해야 합니다. 물론 하나님은 그들에게 이루 말할 수 없는 축복을 약속하시기도 합니다.

세상은 노아 이후로 새판이 짜졌습니다. 하나님은 노아에게 많은 축복을 주셨습니다. "생육하고 번성"하는 축복입니다. 노아는 하나님의 심판을 결코 잊지 않았습니다. 그 자녀들도 역시 그러했습니다. 그런데 안타까운 현실이 또 세상에 드러나고 맙니다. 심판 이후 약 100여년이 흘렀을 때, 사람들은 자신들이 흩어지는 것을 면하기 위해 탑을 쌓아 하늘에 닿게 하고 자신들의 이름을 내 걸고자 합니다. 하나님은 이들의 행동을 막기 위해 언어를 혼잡하게 함으로 사람들은 언어를 따라 뿔뿔이 흩어졌습니다. 흩어짐을 면하기 위한 사람들의 계획은 하나님에 의해 흩어짐을 당합니다.

흩어져 살고 있던 어느 날, 하나님은 한 사람 아브람을 부르십니다. 성경은 아브람에 대해 특별한 언급을 하지 않습니다. 단지 결혼했지만 무자한 사람이었고 하란에 살고 있었으며, 부를 당시 그의 나이가 75세였다는 것뿐입니다. 어찌 보면 아브람은 그저 평범한 사람에 불과했습니다. 하나님은 그런 아브람을 부르시고 "내가 네게 보여 줄 땅으로 가라"고 명령하십니다. 하나님은 이러한 명령과 함께 축복을 주시겠다는 약속도 하십니다. 하나님은 무자한 아브람에게 "큰 민족을 이루게 하겠다.", "복을 주어 네 이름을 창대케 하겠다.",

"너를 복의 근원으로 삼겠다.", "땅의 족속이 너로 말미암아 복을 얻게 하겠다."는 약속입니다. 이것은 하나님이 아브람을 통해 하나님 나라 공동체를 이루시겠다는 약속입니다. 아브람에게 주신 하나님의 약속 안에는 메시야에 대한 암시가 들어 있습니다.

아브람은 하나님의 말씀을 듣고 상당한 고민에 빠졌을 것입니다. 왜냐하면 하나님의 부르심에는 전제 조건이 있기 때문입니다. 그 조건은 안전함의 근원인 고향과 친척 아비 집을 떠나야 하는 것입니다. 그러나 아브람은 그 고민을 오래하지 않았습니다. 성경은 아브람이 여호와의 명령과 약속의 말씀을 따라 갔음을 기록합니다.

순종과 복종의 차이를 아십니까? 복종은 반드시 해야 하는 일입니다. 선택의 여지가 없습니다. 반면 순종은 나의 선택에 따라 결정할 수 있습니다. 반드시 해야만 하는 일은 아닙니다. 하나님은 나에게 순종을 요구하십니다. 하나님은 사람에게 자유의지를 주셨기 때문입니다.

기도

죄악이 관영한 세상에 참된 빛이 필요합니다. 은혜를 입었음에도 여전히 죄 가운데 사는 우리를 용서하옵소서. 잠시도 잊지 않아야 할 예수님이 날마다 내게 성탄이 되기를 간절히 원합니다. 대림절 뿐 아니라 평생에 대림으로 사는 내가 되게 하옵소서!

묵상노트

고통을 들으시는 하나님

출애굽기 2장 23-25절

> "하나님이 그들의 고통 소리를 들으시고 하나님이 아브라함과 이삭과 야곱에게 세운 언약을 기억하사 하나님이 이스라엘 자손을 돌보셨고 하나님이 그들을 기억하셨더라"

하나님의 자녀들은 때때로 삶에서 받는 고난은 죄의 결과로만 생각하는 경향이 있습니다. 물론 그럴 수 있습니다. 그러나 고난이 하나님의 창조 계획 속에 있다면 그 고난을 어떻게 받아들여야 할까요? 고난을 통해 잃어버린 하나님의 형상을 닮아가는 것이라면 ……

우리들의 삶에는 반갑지 않은 손님들이 여럿 있습니다. 시험, 고난, 십자가, 유혹 등입니다. 이런 것들은 반갑지 않은데

수시로 내게로 다가옵니다. 피할 수도 없는 현실입니다. 왜 그럴까요? 그것들은 나와 함께 하는 일상이기 때문입니다. 처음 사람이 에덴동산에서 살 때도 금지명령이 존재했습니다. 먹지 말고 참아야 하는 고난이었습니다. 사단을 통해 시험과 유혹이 있었습니다.

하나님은 아브라함에게 큰 민족을 이루겠다고 약속하셨습니다. 그 약속대로 이스라엘 백성은 애굽에서 큰 민족을 이루었습니다. 하나님은 이 약속을 친히 이루어 주셨습니다. 그런데 이스라엘은 민족의 번성한 성취에도 불구하고 애굽 사회에서 억압당하는 노예로 전락합니다. 이스라엘 민족은 애굽을 위협하는 존재로 여겨졌고 따라서 고된 노동과 생명의 위협까지도 받게 됩니다. 이스라엘 민족이 이런 현실 앞에서 유일하게 할 수 있는 일은 하나님을 향한 탄식과 부르짖음뿐이었습니다. 하나님은 이들의 부르짖는 기도를 받으셨습니다. 이때, 하나님은 이스라엘 민족의 고통 소리를 들으시고 그들 조상과 약속한 것을 기억하셨습니다. 창 15장 13-16절은 이렇게 말합니다. "네 자손이 이방에서 객이 되어 그들을 섬기

겠고 그들은 사백년 동안 네 자손을 괴롭히리니 .... 네 자손은 사대 만에 이 땅으로 돌아오리니"

이스라엘 민족은 왜 고난이 있기 전에 하나님께 부르짖지 않았을까요? 평탄할 때 왜 가나안으로 돌아 갈 생각을 하지 않았을까요? 여기에는 분명한 하나님의 뜻이 있습니다. 그것은 하나님의 자녀로서 하나님의 형상 회복을 위함입니다. 나는 더 이상 할 수 없다고 시인할 때, 하나님만이 나를 온전히 도우실 분으로 인정할 때, 하나님 앞으로 나아감으로 깨어진 하나님의 형상이 내 안에 회복되기 때문입니다.

고난과 시험은 하나님의 자녀에게 있어서 선택이 아닌 필수 요소입니다. 이것은 종류와 강도의 차이는 있을지언정 나 뿐 아니라 누구에게나 있습니다. 고난과 시험은 나의 연약함을 깨닫고 하나님과 같아지려는 욕망이 부인되는 과정입니다. 우리 주님 다시 오실 때까지 이것은 반복될 것입니다. 예수님이 하나님의 자녀에게 반드시 오셔야 하는 이유입니다.

기도

내 안에 하나님의 형상이 이루어지길 원합니다. 예상치 않은 고난과 시험이 오더라도 두려워하지 않고 철저히 나를 부인하며 하나님께 기도할 줄 아는 지혜가 있게 하옵소서. 날마다 내 안에 예수님이 떠나지 않는 삶을 살게 하옵소서. 평안하여 아무런 문제가 없을 때 미리 미리 기도할 줄 아는 은혜를 주옵소서.

묵상노트

생사의 주권자 하나님

출애굽기 12장 1–14절

"내가 애굽 땅을 칠 때에 그 피가 너희가 사는 집에 있어서 너희를 위하여 표적이 될지라 내가 피를 볼 때에 너희를 넘어가리니 재앙이 너희에게 내려 멸하지 아니하리라"

요즘 사람들은 건강관리를 위해 많은 돈과 노력을 쏟아 붓습니다. 사람의 최대 관심사 중 하나가 건강하게 오래 사는 것입니다. 예수님은 참새 한 마리가 땅에 떨어지는 것도 하나님의 허락 하에 있다고 하셨습니다. 어떤가요? 내 노력으로 내가 살고, 죽는 것에 도움이 될까요?

하나님은 사람과 약속하시고 그 약속을 기억하시고 그 약속에 신실하십니다. 이스라엘 민족은 고난 속에서 부르짖으며 하나님을 찾았습니다. 하나님은 그들의 기도를 들으시고 구원하십니다. 그런데 하나님의 구원에는 반드시 동행하는 것이 있습니다. 바로 심판입니다. 그래서 구원과 심판은 묘한 상관관계를 가지고 있습니다. 구원은 심판에서 제외됨으로 얻게 됩니다.

하나님은 이스라엘을 구원하기 위해 모세를 부르고 애굽의 바로에게 보내십니다. 그가 가졌던 왕자로서의 화려한 전력을 이용하지 않습니다. 모세에게는 딸랑 지팡이 하나뿐입니다. 모세는 애굽의 바로가 두려워 도망친 전력이 있습니다. 그러나 하나님이 모세를 보내시니 모세는 담대하게 애굽의 바로 앞에 서서 하나님의 말씀을 대언합니다. 10가지 재앙이 애굽에 내려졌습니다. 10가지 재앙은 하나님께서 애굽에서 신으로 추앙 받던 우상들을 심판하시는 과정입니다. 바로와 애굽이 하나님과 같아지려는 강대국, 혹은 권력이라는 교만함을 심판하십니다. 특히 10번째 심판은 애굽의 사람으로부터 모든 짐승들의 첫 것에 대한 죽음입니다. 첫 것은 대표성을 가지며 전부라는 상징성을 가지고 있습니다. 바로의 장자도 이 심판을 피할 수 없었습니다.

애굽에 내려진 심판은 이스라엘 민족을 구원하는 결과를 가져왔습니다. 물론 여기에는 하나의 조건이 붙어 있습니다.

그 조건은 흠 없고 1년 된 어린 양을 잡아 양의 피를 집 좌우 문설주와 인방에 발라야 합니다. 구원 받아야 할 이스라엘 민족이라도 이 조건에 충족해야만 합니다. 하나님의 이 조건 명령에 순종하는 사람만이 구원을 받습니다. 하나님은 심판의 대상인 애굽에는 살 수 있는 기회를 주지 않으셨습니다. 그들은 살기 위해 발버둥 쳐도 살수가 없습니다. 결국 그들은 장자 죽임의 재앙으로 하나님께 항복합니다. 물론 살기 위한 항복이 아닙니다.

마지막 재앙 후, 이스라엘 민족은 출애굽을 합니다. 이스라엘 민족은 이 날을 기념하여 "유월절"을 하나님의 절기로 삼았습니다. 사람의 죽고 사는 문제는 전적인 하나님의 손에 있습니다. 유월절이 어린 양을 제물로 삼듯이, 예수 그리스도는 유월절 어린 양으로 이 땅에 오셨습니다. 그리고 십자가의 제물이 되셨습니다. 예수님은 하나님의 자녀들이 완전한 구원을 얻을 수 있도록 다시 오실 것입니다.

기도

하나님의 자녀로 살면서도 여전히 내 생명이 나의 것으로 착각하고 하나님보다 더 건강과 삶에 집중하는 우를 범합니다. 하나님이 나의 생사화복을 주장하신다고 믿으면서도 내가 주장하는 우를 범합니다. 용서하시고 온전히 맡기며 말씀에 순응하는 삶이 되게 하소서.

묵상노트

특별한 존재

출애굽기 19장 1-6절

"세계가 다 내게 속하였나니 너희가 내 말을 듣고 내 언약을 지키면 너희는 모든 민족 중에서 내 소유가 되겠고 너희가 내게 대하여 제사장 나라가 되며 거룩한 백성이 되리라"

어느 날 갑자기 하나님께서 나에게 오셔서 말씀하십니다. "내가 너를 특별한 존재로 만들어 주마!" 어떻게 하시겠습니까? 그런데 이미 "나"라는 존재가 하나님 앞에 특별한 존재가 되어 있습니다. 그것을 인정할 수 있습니까?

이스라엘 민족은 하나님의 말씀대로 애굽을 탈출할 때 큰 재물을 가지고 나왔습니다. 그들은 약속의 땅 가나안을 향해 멋지게 출발합니다. 그들은 앞으로 닥칠 여러 난관들을 예측하지 못했습니다. 그들 앞에는 홍해가 가로막고, 마실 물로 고통 받고, 먹을 음식으로 괴로움을 받는 상황에 직면합니다. 하나님은 그들의 불평불만 속에서도 당신의 긍휼하심으로 그들을 이끄셨습니다. 그리고 그들과 언약을 체결하십니다.

언약에 신실하신 하나님은 아브라함과의 약속을 실행하시기 위해 이스라엘 민족을 출애굽 시키셨습니다. 보통 언약은 쌍방 체결이어야 합니다. 그러나 과거 하나님과 아브라함 사이의 언약은 일방적이었습니다. 이제 하나님은 아직 광야에 있는 이스라엘 민족과 쌍방으로 새로운 언약을 체결하고자 하십니다.

하나님은 이스라엘 민족에게 놀라운 제안을 하십니다. 무엇인가를 해 주시겠다는 것입니다. 하나님께서 주시겠다는 것은 "첫째, 이스라엘 민족을 모든 민족 가운데에서 하나님의 소유가 되게 하겠다. 둘째, 하나님께 대하여 제사장 나라가 되게 하겠다. 셋째, 하나님의 거룩한 백성으로 삼겠다."입니다. 단, 여기에는 조건을 실행해야만 합니다. 그 조건은 하나님의 말씀을 잘 듣고, 지키는 것입니다. 이스라엘 민족이 지켜야 할 내용은 출 20장 이하에 나오는 "십계명"과 실제적인 사례들입니다.

이제 이스라엘 민족의 답만 남았습니다. 그들이 하나님의 제안을 받아들이면 언약은 체결됩니다. 하나님의 제안을 받고 안 받고는 그들의 선택입니다. 여기에 강제는 없습니다. 감사하게도 그들은 하나님의 제안을 기꺼이 받습니다. 그들은 하나님의 말씀을 잘 듣고 계명을 순종하여 지키겠다고 합니다. 이렇게 해서 하나님과 이스라엘 민족과의 쌍방 계약이 완료됩니다. 하나님의 소원은 간단합니다. 하나님의 백성이 하나님의 뜻을 따라 사는 것입니다. 하나님의 뜻은 사람과의 관계 회복입니다. 깨졌던 관계, 상처 난 당신의 형상 회복입니다. 이를 위해 하나님은 계명으로서의 율법을 주십니다. 그리고 예수님을 통한 새 계명도 주십니다.

하나님의 소유, 제사장 나라, 거룩한 백성이라는 말은 엄청난 의미를 갖습니다. 하나님이 당신의 자녀를 특별한 존재로 여기심을 의미합니다. 말씀에 믿음으로 순종하기만 하면 되

는 특권입니다. 세상에서 가장 높은 특권층으로 사는 존재
가 바로 당신입니다.

기도

이제까지 내가 대단한 존재라는 사실을 잊고 살았습니다. 최상의
특권층에 있는 존재임을 느끼지 못했습니다. 당당히 세상에서 언약
당사자로, 자존감 있는 자로 살게 하소서.

묵상노트

대림절 묵상
둘째 주

임마누엘

출애굽기 40장 34-38절

> "구름이 회막에 덮이고 여호와의 영광이 성막에 충만하매 …… 낮에는 여호와의 구름이 성막 위에 있고 밤에는 불이 그 구름 가운데에 있음을 이스라엘의 온 족속이 그 모든 행진하는 길에서 그들의 눈으로 보았더라"

하나님은 이스라엘을 애굽에서 구원하시고 그들과 언약을 맺기 위해 그들을 시내산으로 인도하십니다. 하나님은 시내산 꼭대기에서 당신의 영광으로 모세를 만나십니다. 하나님은 모세를 통해 당신의 말씀과 율례를 전하셨고, 시내산에서 이스라엘과 언약을 맺습니다. 이후, 하나님은 이스라엘 백성에게 그들과 만날 수 있는 회막을 만들라고 명령하십니다(출 25-31장).

이스라엘 백성은 하나님의 말씀대로 순종하여 회막을 만

듭니다(출 35-39장). 회막이 완성된 날, 하나님은 구름과 영광으로 장엄하게 그 위에 강림하십니다. 이 "구름"은 시내산을 진동시키던 하나님 임재의 영광이요, 회막 위에 떠오르는 구름입니다. 이 "구름"은 눈에 보이지 않는 하나님께서 광야 생활 동안 이스라엘 진영 한복판에 임재하신 증거입니다. 회막에 임재하신 하나님의 영광의 구름이 떠오르면 백성들도 움직일 준비를 합니다. 하나님의 구름이 움직이는 곳을 눈으로 보고 난 뒤에야 이스라엘 백성은 그 구름을 따라갑니다. 하나님은 낮에는 구름으로 밤에는 불로서 언약을 맺은 이스라엘 백성 한가운데 항상 임재 하셨습니다.

이러한 현상은 창세기 1장의 창조 말씀을 생각나게 합니다. 하나님께서 말씀하신대로 모든 피조물이 창조되었고 하나님 보시기에 심히 좋았습니다. 불순종의 모습은 조금도 찾아볼 수 없습니다. 이스라엘의 순종으로 하나님과 하나 되는 모습이 완성된 회막에 여호와의 영광이 충만하게 임함으로 나타납니다.

당시의 국가들은 신의 능력이 신전 크기에 비례한다고 생각했습니다. 이스라엘이 출애굽 할 당시 애굽의 카르낙 신전의 크기는 가로는 800m이고 세로는 1500m였다고 합니다. 애굽 곳곳에는 대리석이나 화강암으로 정교하고 화려하게 만든 이런 크기의 웅장한 신전들이 있었습니다. 반면 회막은 가로 약 50m, 세로 약 25m로 이집트 신전과 비교했을 때 너무나 초라해 보입니다. 이런 모양의 회막을 여호와의 신전이라고 했을 때, 아무리 생각해도 이해하기 힘들고 몸으로도 받아들이기 어려웠을 것입니다. 그러나 그들은 회막에 여호와의 영광이 임했을 때 하나님의 은혜 앞에 엎드릴 수밖에 없었습니다. 주변 나라 신들은 자신의 백성들과 함께 생활하려고 백성 가운데 내려오지 않기 때문입니다. 그들은 늘 가장 높고 화려한 곳에만 머물렀습니다. 그러나 온 우주의 창조주이신 하나님, 이스라엘의 왕이신 하나님은 백성들 한 가운데로 내려오셨습니다. 회막이 완성되기 이전에는 시내산 꼭대기에서 모세만 하나님을 만날 수 있었지만, 거룩하신 하나님 앞에 이스라엘이 나아올 수 있도록 그들이 거룩해지는 방법을 제정하십니다.

예수님은 높은 보좌에서 낮은 이 땅에 인간의 몸을 입고 내려오셨습니다. 예수님을 나의 왕(구주)으로 영접하고 그의 통치에 순종하는 자는 누구든지 하나님의 영이 임재 하는 거룩한 성전입니다. 이것이 진정한 하나님의 임마누엘입니다.

기도

나를 구원하기 위해 이 땅에 오시고 주의 성전 삼아주시니 감사합니다. 우리는 여전히 십자가에 못 박아 죽어야 할 죄성이 있습니다. 우리의 죄는 날마다 십자가에서 죽고 부활의 주님과 함께 매일 새 생명을 가진 자가 되게 하옵소서.

묵상노트

과거의 습관 버리기

레위기 18장 1-5절

"너희는 너희가 거주하던 애굽 땅의 풍속을 따르지 말며 내가 너희를
인도할 가나안 땅의 풍속과 규례도 행하지 말고 너희는 내 법도를 따
르며 내 규례를 지켜 그대로 행하라"

레 위기는 거룩하신 하나님이 거룩한 장소인 회막에서
이스라엘 백성들을 만나시는 거룩한 관계를 말씀합
니다. 회막은 하나님과 이스라엘과의 언약이 유지, 발전, 회
복을 가능케 하는 만남의 거룩한 장소입니다. 하나님은 이스
라엘 언약공동체에게 "내가 거룩하니 너희도 거룩할지어다
(레 11:45)"라고 요구하십니다.

거룩의 다른 표현은 구별입니다. 이것은 지금까지 애굽 땅

의 풍속을 따르던 익숙한 삶과의 결별을 말합니다. 앞으로 들어갈 가나안에서 그들의 풍속과 규례를 받아들이지 않는 삶입니다. 그것은 하나님께서 언약사항으로 주신 법도를 따르며 하나님의 규례를 지켜 행하는 삶입니다. 왕이신 하나님의 말씀에 순종하는 삶이며 하나님 백성으로의 거룩한 삶입니다.

애굽은 우상숭배로, 가나안은 성적 문란함의 풍습을 가지고 있습니다. 이스라엘 백성들은 불과 얼마 전까지 애굽의 노예로 태어나고 자랐습니다. 따라서 그들에게는 하나님의 말씀보다 애굽의 풍속에 훨씬 익숙합니다. 애굽의 왕은 신의 핏줄을 이어받은 신으로 여겨졌고 왕의 반려자는 당연히 동등한 조건을 갖추어야 했습니다. 당연히 근친결혼이 보편화되었고, 사회는 그러한 일에 별로 문제 삼지 않습니다. 가나안에는 비를 주관하는 신 바알과 풍요의 신 아세라가 있습니다. 두 신은 부부입니다. 그들의 제의는 바알과 아세라 신전에 있는 창기와의 관계를 갖는 음란한 의식입니다. 그들은 이를 통해 신이 흥분함으로 비를 내리고 풍성한 수확을 할 수 있다고 믿었습니다. 이 모든 것은 하나님이 보시기에 악한 것입니다.

몸에 배어 있는 애굽의 풍습을 버려야 합니다. 가나안 족속의 농사법도 정당하게 여기지 말아야 합니다. 만약 이스라엘이 가나안 족속처럼 산다면 이스라엘도 그들처럼 약속의 땅에서 추방당하게 될 것입니다. 그러나 이스라엘이 하나님의 법규와 규례를 지키며 순종한다면 창조주 하나님께서 때를 따라 늦은 비와 이른 비를 내려주셔서 풍성한 삶을 누리게 됩니다.

현대를 살아가는 우리는 하나님 말씀에 온전히 순종하고 있습니까? 우리는 다른 종교나 점치는 자들에게 가지 않습니다. 이것이 하나님을 향한 온전한 믿음일까요? 우리는 조그마한 손해도 견디지 못합니다. 언제나 많은 것을 소유해야 하고, 이익이 넘쳐야 하나님이 복 주시는 삶이라고 생각합니다. 때론 수단과 방법을 가리지 않고 많은 물질, 높은 직위, 명예를 가지려고 합니다. 이럴 때는 하나님의 말씀이 삶에 방해처럼 느껴집니다. 이스라엘 주변 국가에게 있어서 근친상간은 성적 쾌락을 위한 것이 아니었습니다. 그것은 그들을 위한 삶의 안전과 풍요를 위한 것이었습니다. 지금 우리도 안전과 풍요를 위해 하나님의 말씀에 불순종한다면 저들과 다를 바 없습니다. 성탄의 계절에 우리의 삶이 무엇 때문에 흥분되어 있는지 돌아보아 신앙의 궤도를 수정함이 마땅합니다. 예수님처럼 하나님나라의 법도와 규례에 순종하는 거룩한 삶을 살아냄이 합당합니다.

기도

이 땅에는 기쁨이 넘치는 성탄절이지만, 우리 위해 독생자를 보내시는 아버지의 마음을 알고 잊지 않는 성탄계절이 되길 소망합니다. 세상 경제에 휘둘리지 않고 진정한 감사와 찬양으로 성탄절을 기다리는 자 되게 하옵소서.

하나님의 축복 : 사랑

민수기 6장 22-27절

"여호와는 네게 복을 주시고 너를 지키시기를 원하며 여호와는 그의 얼굴을 네게 비추사 은혜 베푸시기를 원하며 여호와는 그 얼굴을 네게로 향하여 드사 평강 주시기를 원하노라"

하나님은 첫 사람 아담을 통해 온 인류에게 복 주셨습니다(창 1:28). 하나님의 계획은 아브라함과 후손인 이스라엘 백성을 통해 모든 족속에게 복이 주어지는 것입니다(창 12:3). 이스라엘은 하나님과 언약을 맺음으로 제사장 나라가 되었습니다(출 19:6). 제사장 나라인 이스라엘 언약 공동체에는 제사장인 아론과 그의 아들들을 통해서 하나님의 복이 임하게 됩니다.

제사장 아론과 그의 아들들은 여호와의 이름으로 이스라엘공동체를 축복합니다. 여호와의 이름으로 축복함은 개인의 감정과 편견이 아닌 하나님의 마음과 뜻을 전달하고 선포하는 것입니다. 제사장이 여호와의 이름으로 축복하지만 실제적인 복은 하나님께서 주십니다. 이스라엘을 향한 하나님의 마음은 첫째, 복 주시고 지키시며, 둘째, 하나님의 얼굴을 이스라엘에게 비추어 은혜 베푸시며, 셋째, 하나님 얼굴을 이스라엘로 향하여 드사 평강 주시기를 원하십니다. 이러한 복은 창조주 하나님만 가능합니다. 하나님은 이스라엘과 언약을 맺고 이스라엘에게 언약을 이행 하겠다고 선언하십니다. 하나님은 이스라엘이 현실에서 육신적, 영적인 풍요로운 삶을 영위하기를 원하십니다.

하나님은 온 세상을 말씀으로 창조하셨습니다. 하나님이 이스라엘 진영 안 회막에 임재하시지만, 또한 온 세상을 통치하십니다. 하나님이 창조하신 땅은 그의 발등상입니다. 하나님이 창조하신 세상은 그의 얼굴이 비춰지지 않는 곳이 없습니다. 그러므로 하나님은 제사장을 통해 이스라엘의 온 삶에 하나님의 '샬롬'인 축복이 충만하기를 원하시는 것입니다.

이것은 하나님의 적극적인 사랑을 표현하신 것입니다. 이 사랑은 이스라엘만 누리는 것이 아닙니다. 제사장 나라로서 열방을 향한 사랑의 구원을 선포할 때 그것을 받아들이는 열방도 누릴 수 있습니다.

제사장의 축복 기도는 진정한 대제사장이신(히 7장) 예수님을 통해 신앙인 개인과 교회공동체에게 임합니다. 이제 예수님을 믿는 개인과 교회공동체는 세상을 향한 제사장 역할을 감당해야 합니다. 예수님은 우리가 그리하길 원하십니다.

세상은 마치 하나님 없이도 잘 먹고, 잘살 수 있다고 말합니다. 하나님이 복을 주시지 않아도 부족함이 없고, 오히려 더 풍성하게 누리고 있습니다. 그러나 하나님이 주시는 복이 아니고, 임마누엘의 주님이 없는 인생이라면 그 삶은 실패한 삶이며 멸망입니다. 하나님은 당신의 형상으로 지음 받은 인간이 멸망하기를 원치 않으십니다. 하나님은 항상 그의 얼굴을 우리에게 향하사 우리에게 하나님의 사랑과 평안이 넘치기를 원하십니다. 우리의 일평생이 제사장으로서의 '코람데오(Coram Deo)'의 삶이되기를 기도합니다.

기도

여호와 이레의 하나님. 어느 곳에 있든지, 무엇을 하든지 우리는 하나님의 얼굴을 뵙지 못하는 곳이 없습니다. 어떤 고난도 하나님이 못 도와주실 것이 없습니다. 그러기에 우리는 이 세상에서 하나님의 자녀로서 당당하게 살아갑니다. 하나님이 예비하신 복을 모두 누릴 수 있는 믿음의 자녀가 되게 하옵소서.

묵상노트

모세와 같은 선지자

신명기 18장 15-22절

"내가 그들의 형제 중에서 너와 같은 선지자 하나를 그들을 위하여 일으키리니 내 말을 그 입에 두리니 내가 그에게 명령하는 것을 그가 무리에게 다 말하리라"

신명기 말씀은 이스라엘 백성에게 약속의 땅에서 하나님 백성으로, 제사장 나라로 거룩하게 살아갈 수 있는 안내요, 언약의 말씀이며 모세의 설교입니다. 모세는 지난 40년 동안 이스라엘에게 하나님의 음성을 전달했습니다. 그러나 모세는 이스라엘과 함께 가나안 땅에 들어갈 수 없습니다. 이제 이스라엘은 하나님의 말씀을 전해준 모세 없이 약속의 땅에 들어가야 합니다. 모세는 하나님의 말씀을 듣게 하였고, 깨닫게 해주던 지도자였습니다. 가나안 땅에는 모세 없이 그가 들려준 하나님의 말씀만 가지고 들어가야 합니다. 하나님은 이스라엘을 위하여 말씀을 전할 예언자를 세우겠다고 약속하십니다. 모세와 같은 선지자를 세워 하나님의 말씀을 그 입에 두시게 됩니다. 이스라엘은 가나안 땅에서 그들의 나라가 아니라 하나님께 순종하는 하나님 백성의 삶을 통해 하나님의 나라를 세워야 합니다. 그러나 가나안 땅에는 사람들의 꿈을 해몽하거나 점을 치는 예언자가 많았습니다. 광야 40년 동안 농사를 짓지 않았던 이스라엘은 가나안 땅의 풍습에 유혹되어 이런 '가증한 자'의 말을 듣기가 쉽습니다. 하나님은 이스라엘 공동체 안에 이런 '가증한 자'들을 두지 말라고 하십니다. 이스라엘은 많은 수확물을 얻기 위해 가나안의 풍습을 따르지 말아야 합니다. 가나안 문화는 많은 농산물을 수확하고, 많이 쌓는 것이 힘이고 성공이라고 생각합니다. 그러나 하나님 나라는 눈에 보이는 부나 힘에 있지 않습니다. 이스라엘의 성공은 하나님의 뜻에 순종하느냐에 달려 있습니다. 따라서 선지자는 하나님의 말씀만 전해야 합니다.

하나님은 모세 이후 많은 선지자들을 보내어 당신의 뜻을 드러내시고 전달하셨습니다. 마지막에는 예수님께서 직접 오시어 보내신 하나님 아버지를 가장 완벽하게 드러내시고, 하나님의 뜻을 순종과 거룩의 삶으로 증거 하셨습니다. 예수님은 모세와 같은 선지자 직분을 감당하신 하나님 자신이십니다.

세상 사람들은 자신들이 생각하는 나라를 만들어갑니다. 그들은 남보다 더 많은 부를 쌓아 부자나라, 강한 무기를 장착한 강한 나라, 지식으로 과학이 발달한 나라를 성공한 나라라고 합니다. 힘이 없고 가진 것이 없는 연약한 자는 능력과 권세가 있는 자를 따라 안전하게 살려고 합니다. 하지만 그리스도인은 이 땅에 하나님 나라를 건설하는 자입니다. 그리스도인의 성공은 세상이 정한 기준에 달려 있지 않습니다. 하나님은 많이 가지고 누리는 것을 성공이라고 말하지 않습니다. 하나님의 나라는 힘에 있지 않습니다. 하나님의 나라는 하나님 말씀에 순종하고 실천하느냐에 달려 있습니다. 그리스도인은 이 세상을 쫓아가는 자들이 아니라 이곳에서 하나님의 통치를 드러내는 자들입니다. 모세의 뒤를 이어 하나님 말씀을 듣고 신실하게 전한 선지자는 지금도 계속되고 있습니다. 그리스도인이 그 역할을 담당해야 합니다.

신명기는 모세를 첫 번째 예언자로 간주하고, 그와 같은 예언자가 또 나올 것이라고 말하고 있습니다. 그리스도인은 이 말씀의 예언을 예수님께서 이루셨다고 말합니다. "모세가 율법에 기록했고 여러 선지자가 기록한 그이를 우리가 만났으니 요셉의 아들 나사렛 예수니라"(요1:45).

기도

공중 나는 새도 먹이고 입히시는 주님, 우리가 필요한 모든 것을 공급해 주심을 감사하며 우리가 세상을 쫓아가는 자가 되지 않고 세상 속에서 하나님 말씀대로 살아가는 자가 되기를 결단합니다.

선택은 자유

신명기 30장 11-20절

"내가 오늘 하늘과 땅을 불러 너희에게 증거를 삼노라 내가 생명과 사망과 복과 저주를 네 앞에 두었은즉 너와 네 자손이 살기 위하여 생명을 택하고 네 하나님 여호와를 사랑하고 그의 말씀을 청종하며 또 그를 의지하라"

모세는 모압 평지에서 이스라엘 백성들에게 마지막 고별설교를 합니다. 출애굽 한 1세대는 광야에서 다 죽었고 설교를 듣는 대상은 출애굽 1.5와 2세대입니다. 이들이 약속의 땅에서 살아가는 데는 두 가지 길이 있습니다. 하나는 생명과 복에 이르는 길이고 다른 하나는 사망과 화에 이르는 길입니다. 생명과 사망의 길은 창조이래로 계속 있어 왔습니다. 이스라엘 백성들은 불순종으로 광야에서 죽었습니다. 그들이 약속의 땅에 들어간 후에도 어느 길을 택할지는 순전히 그들 스스로의 결정에 달려 있습니다.

하나님은 이스라엘과 맺은 언약을 신실하게 이행하십니다. 하나님은 백성들이 말씀에 순종하여 생명의 길을 택함으로 가나안 땅에서 번성하고 많은 복을 누리기를 원하십니다. 그들은 애굽과 홍해, 광야 40년에서 생명과 사망의 기준이 무엇인지를 몸소 목격하고 체험했습니다. 그들에게는 누군가에게 증인이 되기에 충분한 증거들이 있습니다. 하나님은 이러한 사실적 과거에 의하여 약속의 땅에서 어떠한 삶이 가장 안전한지를 선택하라고 말씀하십니다.

이스라엘 언약공동체가 약속의 땅에서 살기 위해서는 생명과 죽음의 길 중 하나를 선택해야 합니다. 이스라엘은 "이스라엘아 들으라 우리 하나님 여호와는 오직 유일한 여호와시니 너는 마음을 다하고 뜻을 다하고 힘을 다하여 네 하나님 여호와를 사랑하라"는 이 말씀을 마음에 새겨야 합니다. 이것만이 이스라엘이 하나님의 백성으로 약속의 땅에서 살수 있는 길입니다.

우리는 매 순간을 선택하며 살아갑니다. 현대인의 가장 큰 고민 중 하나는 '외식할 때 무엇을 먹을까?'일 것입니다. 오래전부터 중식당은 선택이 어려운 자를 위해 짬짜면을 내놓았습니다. 치킨도 반반, 냉면도 반반씩 판매합니다. 선택하지 않고 두 개를 먹을 수 있습니다. 사업자들의 지혜입니다. 그러나 신앙생활에는 반반이 없습니다. 지혜롭게 세상과 믿음을 잘 유지하면서 살고 있다고 자부하는 것은 이미 사망을 선택한 것입니다. 예수님을 믿는 사람들은 이미 생명의 길을 선택한 사람들입니다. 영원한 죽음의 길에서 영원한 생명의 길로 들어선 자들입니다. 굳이 사망의 길로 돌아갈 이유가 없습니다. 그러나 사망의 길은 언제나 우리를 유혹합니다.

세상은 세상의 가치로 부를 측정합니다. 그래서 때때로 신앙인도 하나님의 복을 그 눈으로 산출합니다. 그것은 결코 바람직할 수 없습니다. 우리는 분별력이 필요합니다. 복 있는 사람은 악인들의 조건을 따르지 않습니다. 사망의 길에 서지 않습니다. 하나님의 말씀을 밤낮으로 묵상하는 자가 생명의 길을 걷는 자입니다. 주님이 다시 오실 때까지 생명의 길을 선택합니다.

기도

세상은 자신들이 가진 것을 자랑합니다. 하나님의 자녀인 우리는 세상의 지식, 힘, 부귀를 자랑하지 않고, 분별력이 있어 하나님 아는 것을 자랑하는 자게 되기를 소망하고 결단합니다. 아버지가 주시는 복으로 가득한 삶을 살겠습니다.

묵상노트

하나님께서 보낸 구원자

사사기 6장 1-10절

"이스라엘 자손이 미디안으로 말미암아 여호와께 부르짖었으므로 여호와께서 이스라엘 자손에게 한 선지자를 보내시리니 …… 이스라엘의 하나님 내가 너희를 애굽에서 인도하여 내며"

하나님은 사사시대에 이스라엘을 미디안에게 7년 동안 넘기셨습니다. 이스라엘 자손이 여호와의 목전에서 악을 행하였기 때문입니다. 사사기는 이스라엘이 억압과 고난이 닥쳐오면 하나님께 돌아왔다가 평안해지면 다시 악을 행하는 반복된 행동을 기록합니다. 이번 미디안 공격은 사사가 통치하는 시대에 이스라엘에게 닥친 세 번째 위기입니다. 이스라엘을 공격한 미디안은 광야 유목민입니다. 그들은 한

곳에 정착하지 않고 광야나 사막에서 활동하다 추수 때가 되면 소산물을 약탈하는 자들입니다. 이스라엘은 7년 동안 농사지은 것을 미디안과 아말렉에게 빼앗기자 생활이 비참해졌습니다. 이스라엘은 먹을 양식만 부족한 것이 아니었습니다. 이들은 자신들의 집에서 평안하게 살지도 못했습니다. 미디안의 공격을 피하려고 창고로 지은 바위틈, 구덩이나 동굴 또는 도망자를 위해 만든 산성에서 생활했습니다.

　사망의 길을 택한 이스라엘을 향한 하나님의 진노는 '메뚜기 떼 같이 많은' 미디안의 숫자로 표현됩니다. 이스라엘은 미디안으로 궁핍함이 심해지자 하나님께 간절히 부르짖습니다. '부르짖다'를 두 번 사용한 것은 이스라엘이 얼마나 간절한지 보여줍니다. 하나님께서 그들의 부르짖음에 응답하시고 선지자를 보내셨습니다. 이스라엘은 여선지자 드보라를 통해 하나님의 구원을 경험하고 기억하게 하셨습니다(삿 5장). 그러나 무명의 선지자는 이스라엘을 구원하기보다는 하나님 목소리를 듣지 않음을 신랄하게 비판합니다. 왜냐하면 이스라엘 백성들이 애굽에서 구원하여 약속의 땅을 선물로 주신 하나님만을 의지하지 않고 아모리 땅의 신들을 두려워하기 때문입니다. 하나님께서 이스라엘을 가나안 땅에 심으시고 복 주신 것은 그들을 통해 열방이 여호와 하나님이 누구신지를 알게 하기 위함입니다. 그러나 이스라엘은 하나님의 목소리에 귀를 막고 가나안 사람들처럼 살았습니다. 하나님은 이스라엘을 꾸짖으시고 다섯 번째 사사로 큰 용사 기드온을 세우셔서 그들을 구원하셨습니다.

이스라엘을 가나안 땅에 심으신 것은 하나님이 온 우주의 왕이심을 열방이 알고 하나님께 나아오게 하기 위함이었습니다. 구원받은 그리스도인인 우리도 하나님의 영광을 드러내는 삶을 살아야 합니다. 그러나 우리의 삶을 돌아보면 미디안의 침략에 비참한 삶을 산 이스라엘처럼 처참할 때가 있습니다. 물질이 없어서 초췌한 삶이 아니라 도덕적, 영적으로 초라한 상태일 때가 있습니다. 하나님의 자녀는 이 세상에서 하나님의 자녀로서 빛과 소금의 역할을 담당해야 하는데 오히려 그들의 힘에 억눌려 살 때도 있습니다. 게다가 오히려 세상의 리듬에 맞춰 살려고 하나님의 음성에 귀를 막을 때도 있습니다.

재물이 불어난다면 수단과 방법을 가리지 않습니다. 하나님의 자녀가 세상의 권력을 더 두려워합니다. 가나안의 풍습을 좋게 생각하고 따라 살던 이스라엘은 하나님의 심판을 받았습니다. 미디안을 도구로 심판받은 이스라엘과 지금의 우리에게 하나님의 말씀은 동일합니다. 우리의 최종 목적지는 이 세상이 아닙니다. 주님이 다시 오실 그때, 주님 앞에 서는 것입니다. 그 날 착하고 충성 된 종의 칭찬을 받는 그리스도인이 되어야 합니다.

기도

이 땅에는 기쁨이 넘치는 성탄절이지만, 우리 위해 독생자를 보내시는 아버지의 마음을 알고 잊지 않는 성탄계절이 되길 소망합니다. 세상 경제에 휘둘리지 않고 진정한 감사와 찬양으로 성탄절을 기다리는 자 되게 하옵소서.

**2주
일곱째 날**

단에서 브엘세바까지

사무엘상 3장 1–4장 1절

> "사무엘이 자라매 여호와께서 그와 함께 계셔서 그의 말이 하나도 땅에 떨어지지 않게 하시니 단에서부터 브엘세바까지의 온 이스라엘이 사무엘은 여호와의 선지자로 세우심을 입은 줄을 알았더라"

이스라엘은 시내산에서 하나님과 언약으로 맺어진 백성입니다. 하나님은 자기 백성에게 하실 말씀을 기름 부음 받은 제사장이나 선지자를 통해 전달하십습니다. 당시 엘리도 하나님의 말씀을 전달하는 제사장이었습니다. 엘리는 제사장 가문으로서 거룩함을 지켜야 했지만, 그것을 소홀히 했습니다. 그 결과 오랫동안 엘리에게 하나님의 말씀이 나타나지 않습니다. 하나님의 음성을 듣지 못하는 이스라엘은 마치 아이를 낳지 못하는 한나의 고통과 절망처럼 영적 어둠 속에 놓이게 됩니다. 이스라엘은 하나님의 음성을 전달해 줄 참된 지도자를 간절히 원했습니다. 이때 아이를 낳지 못하는 한나가 아들을 낳게 해달라고 하나님께 간절히 기도합니다. 하나님은 한나의 기도에 응답하십니다. 한나는 서원대로 아들 사무엘이 태어날 때부터 머리에 삭도를 대지 않고, 하나님을 섬기는 자로 드리게 됩니다.

제사장 엘리가 자기 처소에서 잘 때, 어린 사무엘은 법궤가 있는 여호와의 전에 누웠습니다. 하나님은 여호와의 전에 누워있는 사무엘을 부르십니다. 어린 사무엘은 제사장 엘리가 부른 줄 알고 "내가 여기 있나이다"하고 그에게 달려갑니다. 같은 일이 세 번이나 반복되고서야 엘리는 하나님께서 어린 사무엘을 부르신 줄 깨닫게 됩니다. 네 번째 하나님께서 부르실 때, 사무엘은 "말씀하옵소서 주의 종이 듣겠나이다"라고 하나님께 대답합니다. 하나님은 사무엘을 이스라엘의 선지자로 세우십니다. "단에서부터 브엘세바까지"는 이스라엘 전체를 의미합니다. 하나님의 말씀이 사무엘을 통해 온 이스라엘에게 나타났습니다. 하나님은 짙은 어둠 속에 있는 이스라엘에게 구원의 밝은 빛을 허락하셨습니다.

사무엘서는 '기다림'이 전체에 스며들어 있습니다. 불임의 한나는 하나님의 복으로 상징되는 아들을 기다렸습니다. 영적 어둠 속에 있던 이스라엘 백성은 하나님의 음성을 들려줄 지도자를 기다렸습니다. 아론의 몸에서 난 인간 제사장은 완전할 수 없습니다. 그래서 이스라엘은 영원한 멜기세덱의 반열을 쫓은 제사장이 오실 것을 간절히 기다렸습니다. 그 기다림에 응답으로 예수님이 우리의 제사장으로 오셨습니다. 어두움에 빛으로 기다리고 기다리던 진정한 왕이시며, 대제사장이신 예수님이 이 땅에 오셨습니다. 따라서 구원받은 하나님의 자녀들은 대제사장 예수님을 통해 우리에게 주신 하나님의 말씀을 들어야 합니다.

지금 세상은 하나님의 말씀이 나타나기 이전의 어두움처럼 어려움 속에 있습니다. 경제적 어려움은 우리 삶을 위축시킵니다. 하나님의 자녀임에도 불구하고 하나님이 주시는 평안이 보이지 않을 때가 있습니다. 그럴 때일수록 사무엘처럼 "말씀하옵소서 주의 종이 듣겠나이다"라고 고백하며 말씀을 사모해야 합니다. 어두움을 쫓아가는 사람들을 거부하며 힘을 다해 거룩한 삶을 살아내야 합니다. 왜 그래야 합니까? 하나님 말씀을 듣는 것이 하나님을 섬기는 것이기 때문입니다. 세상과 구별하여 거룩하게 사는 것이 하나님의 언약에 충실한 삶이기 때문입니다. 또 우리는 등과 기름을 준비하여 다시 오실 주님을 기다리는 신부이기 때문입니다. 설레는 마음으로 '마라나타 주 예수여 어서 오시옵소서' 기도하며 성탄의 주님을 기다리는 하나님의 자녀가 되어야 합니다.

기도

주님이 다시 오실 그때까지 거룩한 삶을 쫓으며 좁은 길, 좁은 문으로 걸어가겠습니다. 세상이 주는 부와 명예를 바라지 않고 주님이 주시는 위로와 평안을 사모합니다. 매일의 삶에 주님의 음성을 들려주시옵소서. 겸손히 듣겠나이다.

대림절 묵상
셋째 주

아버지와 아들의 관계

사무엘하 7장 1-17절

> "나는 그에게 아버지가 되고 그는 내게 아들이 되리니 … 네 집과 네
> 나라가 내 앞에서 영원히 보전되고 네 왕위가 영원히 견고하리라"

다윗은 하나님의 성전을 짓고자 하는 마음을 고백합니다. 그 마음을 아시는 하나님은 나단 선지자를 통하여 말씀하십니다. 나단 선지자를 통한 소식은 다윗과 그의 후손으로 지속 되어지는 왕조에 대한 신실하신 하나님의 약속입니다. 성전을 건축하려는 다윗에게 하나님은 한 곳에서만 머무는 분이 아니심을 가르쳐 주십니다(6). 오히려 하나님은 다윗을 위해 견고한 왕조를 이루시겠다고 약속해

주십니다(13). 다윗의 왕조를 보호하시고 다윗의 후손들의 아버지가 되겠다고 약속하십니다(14).

　다윗에게는 개인적으로 그의 소원이었던 하나님을 향한 성전건축의 영광은 사라졌지만 하나님은 더 큰 복을 주십니다. 그 복은 아버지와 아들의 관계입니다.

　하나님은 다윗을 왕으로 기름 부어 주셔서 세우신 것뿐만 아니라 다윗의 아들을 하나님의 아들로 삼으십니다(14). 이 땅의 가장 아름다운 관계들 가운데 아버지와 아들의 관계는 빛나는 관계 중 하나입니다. 하늘 가족의 영광을 주신 것입니다. 또한 다윗의 왕조를 통하여 이스라엘에 하나님의 나라를 세우고자 하십니다. 하나님의 구원이 다윗의 왕조를 통하여 펼쳐지질 것을 약속하십니다. 그러기에 원수들과의 전쟁에서 승리하게 하시고 하나님이 오히려 다윗의 집을 지으십니다(11). 다윗의 소망이 하나님에게 상달 되었을 때 하나님은 오히려 다윗을 위한 더 놀라운 능력으로 축복하시고 약속하십니다. 그의 가문을 세우시고 승리를 약속하시며 영원한 약속을 말씀하십니다(16).

다윗 왕조에 대한 하나님의 약속은 높은 곳에서 내려오신 예수그리스도이십니다. 그분을 통하여 보호 받으며 구원의 은혜를 받습니다. 예수님은 다윗의 가문을 통하여 이 땅에 오셨으며 하나님 약속은 이루어졌습니다. 하나님의 구원과 이 땅에서의 승리는 영원히 하나님의 나라로 이루어 주셨습니다.

쌓여있는 물건들을 정리하고 집을 청소하는 일은 늘 분주하지만 새롭습니다. 분리수거를 한다지만 정리하는 일은 늘 고민입니다. 유행이 지난 유리잔들과 화초가 없는 화분들은 더 이상 두기에는 무리가 있는 집안의 공간입니다. 무엇을 먼저 버리고 간직할지 바라보며 생각합니다. 오래된 찻잔들 속에서 아버지께서 사용하시던 작은 커피 잔은 나에게는 소중한 보물입니다. 너무 크지도 작지도 않은 한잔의 정확함이 나를 늘 절제하게 합니다. 아버지를 생각하며 잠시 머물러있는 초겨울의 시작은 따스합니다.

왕이 되었고 큰 집에 살아도 하나님을 기억하는 다윗은 성전을 향한 그리움이 가득합니다. 그것은 하나님 아버지를 생각했기 때문입니다. 늘 하나님을 향한 그리움과 동행 그리고 영광을 돌리고자 하는 마음입니다. 그리워해도 육신의 아버지는 오시지 못하지만 아버지 되신 하나님은 오십니다.

기도

늘 우리를 하나님의 약속으로 인도하시고 붙들어 주심을 감사드립니다. 나의 작은 믿음의 고백들보다 더 크고 아름답게 응답해 주시는 하나님, 이제 주 예수그리스도를 통하여 구원과 은총을 더하여 주옵소서.

묵상노트

여호와의 언약

열왕기상 11장 1-13절

"여호와께서 솔로몬에게 말씀하시되 네게 이러한 일이 있었고 또 네가 내 언약과 내가 네게 명령한 법도를 지키지 아니하였으니 내가 반드시 이 나라를 네게서 빼앗아 네 신하에게 주리라"

가장 놀라운 발전과 빠른 쇠퇴를 경험한 시간을 맞이합니다. 솔로몬의 탁월함은 하나님의 언약으로 이루어졌습니다. 언약은 일방적이지 않고 서로의 행동으로 지켜집니다. 탁월한 성공에서도 안전하지 않고 절망적인 쇠퇴에서 불안하지 않습니다. 사랑에 기초한 약속인 '헤세드'를 기억합니다. 진노 가운데 있었지만 다시 회복하게 하실 것을 바라봅니다. 언약의 파기로 인한 여호와의 진노와 버려두심으로 슬픔은 정점을 보여줍니다. 여인을 통한 솔로몬의 지혜는 창기 두 여자와(3:16-28), 남방의 스바여인(10:1-13)입니다. 그러나 여인을 통한 영적인 둔감으로 비극적인 타락이 있습니다(4).

솔로몬의 언약 파괴는 하나님으로 하여금 언약의 저주를 실현하게 합니다. 중혼정책은 민족의 불만을 잠재우고 하나 된 통일 왕국을 만들어 갑니다. 그러나 하나님은 그것을 반대하셨습니다(2). 이방 여인과의 혼인은 그들의 신들을 인정하는 것이 됩니다. 결국에는 이방 신들을 섬기게 될 것입니다. 이방의 여인들인 왕녀들은 1천명이었으나 솔로몬의 아들의 이름이 열왕기에 기록된 것은 '르호보암' 한명 뿐입니다. 세상의 화려함과 안전을 추구하는 것은 슬픔과 초라함으로 마쳐집니다. 하나님은 비극이 일어나는 것, 심판이 일어나는 것을 막기 위하여 적극적으로 개입하셔서 경고하십니다(9). 솔로몬의 삶은 영적인 회개를 하지 못하는 영적인 타락과 무능함으로 이어집니다. 결국 하나님은 한 나라를 두 개로 쪼개시고 불신하는 것에 경고를 하십니다.

제주도의 여행은 거쳐야 할 관문이 있습니다. 바다를 건너는 비행의 시간입니다. 물론 잠시 동안의 시간이지만 나에게는 여전히 아주 신나는 여정은 아닙니다. 난기류와 기다림의 시간은 불편함입니다. 그러나 도착 후 시작되는 여행은 늘 고마운 시간이 됩니다. 바다와 작은 언덕의 모습들이 눈에 부십니다. 시원한 바람과 바다향기들은 누구라도 미소 짓게 합니다. 넓게만 펼쳐진 하늘과 바다보다도 때로는 작은 카페도 아름답습니다. 물론 커피와 빵들도 여행자들에게는 큰 위로가 됩니다. 카페 창문 밖에 보이는 아름다운 정원이 있습니다. 아름다운 꽃들과 화초들이 작지만 잘 가꾸어져 있습니다. 화초들에게 물을 주는 일은 많은 방법이 있지만 사람의 손길보다는 하늘의 비가 더 좋을 것 같습니다.

솔로몬은 주변국들과의 전쟁을 그치고 더 넓은 영토와 안전한 왕국을 이루기 위한 자신의 지혜를 왕국의 정원에 사용한 듯합니다. 그러나 가장 좋은 방법은 하늘의 비가 내리는 것과 같이 하나님의 약속이 이루어지는 그것이 가장 안전합니다. 대림절을 기다리는 시간들 속에서 삶의 정원 위에 작은 손길로 물을 공급하기보다 하나님의 언약의 비가 내리기를 소망합니다. 약속은 힘이 있습니다. 하나님은 연약한 당신의 자녀들에게 자신, 홀로 그 약속을 이루십니다. 완전히 버리지 않으시고 늘 새롭게 다시 이루십니다. 다시 약속을 이루어가시고 회복하시는 방법은 오직 예수님 이십니다. 베들레헴, 검은 하늘 밤을 빛나게 하는 별 아래, 구유에 계신 그분 앞에 모든 인생이 경배와 찬양을 합니다. 바로 하나님의 약속을 완성하시는 분이십니다.

기도

모든 것에 충만하도록 공급하시는 하나님. 삶에서 때로는 천천히 응답되어지는 하나님의 손길에서 불평하며 좌절하는 저의 모습을 봅니다. 그리고 나의 노력을 앞세워 하나님의 도우심을 기대하지 않는 교만을 감추고 있습니다. 그러나 하나님으로부터 응답되어지는 것은 늘 충만하며 새롭고 완전함을 인정하며 살게하소서.

유다의 멸망

열왕기하 25장 1-21절

"바벨론 왕이 하맛 땅 립나에서 다 쳐죽였더라 이와 같이 유다가 사로잡혀 본토에서 떠났더라"

강력한 요새는 오히려 포위되어 무덤이 되고 형식적 예배를 드리던 성전은 허물어지고 왕의 은밀한 도주는 실패합니다. 갑자기 일어난 슬픈 멸망의 기록들은 하나님의 경고 앞에 백성들의 회개 없는 삶의 연속이 이루어낸 결과입니다. 바벨론의 왕 느부갓네살이 그의 모든 군대를 거느리고 예루살렘을 공격하기 시작합니다(1). 그러한 포위는 반년 동안 지속되었기에 곡식의 공급은 차단되었으며 동시에 기근이 심해지며 성안의 백성들은 공포와 굶주림으로 고통을 받습니다(3). 마침내 바벨론 군대의 공격으로 성은 파괴됩니다. 본문을 기술하는 저자는 고통스러운 상황과 충격적인 사건들을 담담하게 기술하고 있습니다. 이렇게 위급한 상황이 일어나게 되는 때에 유다의 마지막 왕, 시드기야는 도주하다 잡히고 아들들이 자신의 눈앞에서 죽임을 당하며 그의 두 눈을 잃게 됩니다(7). 왕과 백성들은 포로로 끌려가게 되고 성전과 왕궁은 불태워졌으며 성전의 성물들도 빼앗기게 됩니다. 하나님의 백성들은 포로가 되고 성전은 소멸되는 가장 슬픈 일들이 일어납니다.

하나님의 백성들을 늘 지켜주시는 것과 성전의 보전은 결코 의심할 일이 아니었습니다. 그러나 죄악으로 하나님이 주신 땅은 빼앗겼고 예루살렘 성과 성전은 파괴되었으며 하나님의 백성들은 가장 낮은 신분이 되었습니다. 유다의 멸망은 그들의 죄의 슬픔이며 하나님의 말씀을 전하는 선지자들의 경고를 무시한 결과입니다. 하나님은 선지자들을 통하여 하나님나라를 이루는 것을 말씀하셨습니다. 그러나 하나님나라는 백성들의 죄로 인하여 저주의 나라가 되었습니다. 슬픔의 시간이 지나고 하나님은 당신의 백성들을 버리지 않으시고 다시 일으키시고 세우십니다. 완전한 하나님나라를 왕이신 예수그리스도를 통하여 이루고자 하십니다. 예수그리스도를 왕으로 믿는 백성들이 모인 가정과 공동체와 국가는 하나님나라가 임하는 곳입니다.

"음식이 풍족한 현대인들은 고칼로리 음식을 과다하게 섭취하는 경우가 많다"고 합니다. 최근에는 배달음식이 유행하고 다양한 간식들이 건강을 위협합니다. 가난한 분들은 특히나 건강한 음식을 접할 수 있는 기회가 더욱 적습니다. 너무 기름진 음식이 병들게도 하지만 빈자들의 음식 또한 쉽고 빠르게 먹는 것으로 건강을 해치게 합니다. 과도한 소비로 사치하는 사람들도 아무것도 없는 이들도 삶에 있어서 받는 생명의 공격은 매우 아이러니합니다.

유다 나라는 넘치는 그들의 아름다운 삶으로부터 하나님을 존재케 하지 않았습니다. 그러기에 그들은 풍족하나 고립되었고 모든 것을 잃어 버렸습니다. 든든한 성과 웅장한 성전은 불태워졌습니다. 더 이상 희망이 없게 되었습니다. 일상에서의 풍부는 늘 하나님을 잊게 할 수 있습니다. 나를 지켜주는 것들이 한 순간 사라지기도 합니다. 건강과 소유 그리고 영원할 것 같은 하나님의 인도하심들이 교만과 탐욕으로 우상들을 섬기는 나의 삶에서 파괴되어 갑니다. 에덴에서 쓸쓸하게 두 손을 잡고 그곳을 떠나던 그들처럼 수치와 절망으로 유다는 도주하였습니다. 주님 오시는 그날 다시 주님의 영광이 회복되게 하소서.

기도

가난한 자들을 돌아보지 않는 나의 눈과 눈물로 기도하는 이들의 소리에 동참하지 않는 나의 귀가 얼마나 무딘지요. 가장 낮고 초라한 그곳에서 하늘의 영광을 드러내시는 내 구주를 다시 기다립니다. 무너진 내 삶의 성벽을 다시 세우고 불타버린 예배의 영광을 찾을 수 있기를 소망합니다.

고난 받는 여호와의 종

이사야 52장 12-53장 12절

"우리는 다 양 같아서 그릇 행하여 각기 제 길로 갔거늘 여호와께서는 우리 모두의 죄악을 그에게 담당시키셨도다"

바벨론에 의해 유다 성읍은 폐허가 되고 성전은 무너졌으며 백성들은 포로가 되었습니다. 이것은 본문에서의 시점이 미래의 일이 아닌 현재의 상황입니다. 모두 신앙을 지키기 어려운 상황입니다. 성전도 없고 포로들에게 종교의 자유는 더욱 없습니다. 그러기에 그들은 가정이나 소규모의 모임으로 신앙을 지켜나갔습니다. 그러나 그들에게 더욱 강한 충격은 문화적으로 월등한 환경을 접하는 것이었습니다. 세월이 지나면서 모국어를 잊게 되기도 하며 자신들의 정체성을 잃어 가고 있습니다. 언어, 문화, 종교가 사라지고 있습니다. 나라의 패배는 고대근동에서는 신들의 패배라고 생각했기에 하나님의 패배라고 생각하게 됨으로 그들은 혼합종교로 변질될 위험에 있습니다. 그러나 하나님은 이러한 상황에서도 새 창조를 통하여 이스라엘을 구원하리라는 것을 선포하셨고(45:18), 새 출애굽의 가능성을(43:16-21) 기록함으로 포로생활에서의 자유를 선포하십니다.

본문의 고난 받는 종의 노래를 통하여 고난 가운데 있는 백성들에게 하나님의 구원의 약속과 메시야 대망을 선언하고 계십니다. 종의 모습을 현실에 투영시켜 그들의 삶의 현실에서 종이 먼저 걸어간 길을 따르게 하고 새로운 사명을 감당하게 하려는 외침입니다. 선지자는 단지 그의 예언을 듣는 동시대 모든 무리들이 포로의 환경 속에서 하나님을 의지하면서 묵묵히 사명을 감당하는 고난의 종의 모습을 따르기를 바라며 선포합니다. 먼저 고난 받으신 예수그리스도를 따라서 나의 삶에서도 일어나는 고난의 길을 묵묵히 걸어가는 것에 소망을 가져야 합니다. 그분은 많은 사람의 죄를 담당하며 범죄자를 위하여 기도하십니다(12).

고령의 시대는 누구나에게 찾아 올 것입니다. 질병과 가난으로 일어나는 생활의 어려움들의 탄식들이 들려오고 있습니다. 그때 경험하는 가장 뚜렷한 것은 외로움입니다. 그리고 홀로 싸워나가야 하는 고난들입니다. 그것에 대한 대비책으로 자산을 관리하고 건강을 챙겨야 한다고 합니다. 그러나 그 모든 것을 준비한다고 할지라도 누군가와 같이 가야 하는 긴 인생의 시간들을 생각해보면 결코 안락한 미래의 일상은 보장되지 않습니다. 외로움을 겪거나 일중독으로 그 모든 불편한 감정들을 몰아내는 일에 내 자신을 소모해야 하는 일상이 시작될 것입니다. 사람들과의 관계 단절을 두려워하는 것과 홀로 남겨진 듯 한 마음의 외로움은 늘 겪고 있는 것 같습니다. 철학자 한나 아렌트는 "고독은 내가 나와 교제하는 실존적인 상태라면, 인간집단과 나 자신으로부터 버림받은 상태를 외로움"이라고 하였습니다. 여기 고난 받는 종의 노래가 있습니다. 먼저 고난의 길을 걸어간 그분은 고난 가운데 있는 우리에게 하나님의 구원의 약속과 메시야 소망을 약속하십니다. 나의 고난의 삶의 현실에서 종이 먼저 걸어간 길을 따르게 하고 새로운 사명을 감당하게 하십니다. 고독의 시대에서 고난을 넘어서는 종의 영광이 나에게도 임하길 소망합니다.

기도

고난 앞에서 두려워하며 도주하는 인생이 되지 말고 먼저 고난 받으신 하나님의 아들 예수 그리스도를 바라보며 살아가게 하소서.

묵상노트

새 언약을 맺으리라

예레미야 31장 31-35절

"여호와의 말씀이니라 보라 날이 이르리니 내가 이스라엘 집과 유다 집에 새 언약을 맺으리라"

예루살렘의 파괴를 생생하게 목격한 백성들 그리고 성전 파괴 이후 바벨론 포로기를 살아가야 할 유다 백성들은 고난의 삶 가운데 있습니다. 하나님은 그러한 그들과의 새 언약을 말씀하십니다. 하나님께서 이스라엘과 유다의 우상숭배로 인해 깨어진 언약을 새롭게 맺으십니다(33). 하나님은 그들의 악행을 사하십니다(34). 그 남은 자들을 통해 하나님 나라를 새롭게 열어 가시고자 주권적으로 역사에 개입하실 것을 선포하십니다. 이스라엘 백성들은 오랜 역사를 지나면서 하나님을 떠나 이방의 우상들을 섬기며 하나님의 언약을 버렸기 때문에 그들과 맺은 거룩한 언약이 파기되었음을 언급하십니다(32). 깨어진 언약이 슬픈 일이지만 이것이 새 언약의 시작입니다. 하나님은 새로운 하나님의 나라를 세우시기 위해 온 이스라엘 공동체와 다시금 깨어진 언약을 새롭게 시작하십니다. 하나님의 법을 돌판 위에 기록했던 그들은, 장로들과 제사장들이 7년마다 온 백성들에게 큰 소리로 낭독하여 백성들이 기억하고 준수토록 명령했습니다(신 31:9-13). 그러나 새 언약은 백성들 개개인의 마음 판에 하나님의 법이 기록됨으로써 언약법의 내재화가 시작되었습니다. 이것의 완성은 하나님나라의 백성이 되는 것입니다. 하나님과의 새 언약이 시작되었습니다(33).

무너져버린 환경에서 누군가가 용기를 내어 힘겨운 일들을 해결하는 일은 귀한 것입니다. 가난한 자들을 대하는 자의 마음에는 그를 향한 긍휼의 마음도 있지만 그 가난으로 인해 겪게 되는 불행을 더 슬퍼하기도 합니다. 소외된 이웃에 대한 슬픔 마음은 그를 돕는 일을 행동하게 할 것입니다. 우리들의 삶에도 억울하고 합당하지 않는 환경에 지배받는 이들을 향한 슬픔이 행동의 열매를 맺게합니다. 그 일을 하게 합니다. 사회의 정의가 무너지고 교회의 아름다움들이 변질되어 갈 때 새롭게 변화시키고자 행동하는 사람들이 있습니다. 그러나 인간의 노력은 한계가 있습니다. 바로 그때 하나님은 약속하십니다. 연약한 공동체가 하나님과의 약속을 깨뜨리고 그 결과로 비참한 상황이 되어버린 그곳에서 다시 새언약을 시작하십니다. 그리고 지금 대림절을 기다리는 나의 삶에서도 새언약을 말씀하십니다. 죄와 허물을 용서하시고 다시 하나님은 사랑의 손길로 나의 손을 붙들고 약속하십니다.

새 언약의 은혜가 예수님으로 확증되었습니다. 감당할 수 없는 큰 사랑으로 다시 시작하시고 있습니다. 하얀 눈이 온 세상을 덮음으로 모든 것을 용납하는 그 은혜가 하늘에서 내려옵니다. 어린 예수는 우리들의 품이 필요했고 우리들의 보호가 필요했습니다. 그러나 그분은 하나님의 구원을 보여주셔서 다시 나에게 지상을 넘어선 하늘의 안전과 보호를 주실 것입니다. 이제 절망의 찬바람은 모두의 인생에 불어 올 것입니다. 잘못 해석된 절망의 원인으로 "유전적인 소질, 자라난 환경, 가족력, 만성신체질환 등을 언급"한다고 합니다. 그러나 그러한 요인들이 전부는 아닙니다. 오히려 어려운 환경 가운데 있지만 그 모든 것을 이기는 진정한 회복은 변치 않는 하나님의 약속입니다. 오시는 구주는 하나님의 약속입니다. 나의 구주가 오심으로 나의 모든 것을 회복하심을 바라봅니다.

기도

나의 연약함으로 하나님이 주신 놀라운 약속과 축복은 늘 깨어지고 사라지게 됩니다. 하나님 나의 불신과 어두움에 자리 잡은 영혼을 긍휼히 여기시옵소서. 이제 다시 하나님이 나의 구주로 주시는 예수그리스도를 바라보며 주님의 오심을 기대하고 감사하는 날들이 되게 하 소서.

인자와 같은 이

다니엘 7장 9-14절

"내가 또 밤 환상 중에 보니 인자 같은 이가 … 그에게 권세와 영광과 나라를 주고 모든 백성과 나라들과 다른 언어를 말하는 모든 자들이 그를 섬기게 하였으니 그의 권세는 소멸되지 아니하는 영원한 권세요 그의 나라는 멸망하지 아니할 것이니라"

다니엘이 본 환상은 그리스도의 주권 및 그분의 궁극적 심판과 승리를 예언하는 모습임을 알 수 있습니다(9). 이러한 그리스도의 주권과 심판의 드러나심은 당시 바벨론의 통치하에서 현재와 미래를 암울하게 바라보던 하나님의 백성에게 구원의 소망을 주고 있습니다. 이 땅에서 어두운 세상권력 아래에 살아가는 하나님의 백성에게 믿음을 주고 있습니다. "그의 머리털은 깨끗한 양의 털 같고"라고 표현하고 있습니다(9). 이 구절은 동일하게 요한계시록에서도 사도 요한에게 보이신 예수 그리스도의 머리털도 희기는 '양털' 같다고 기록되어 있습니다(계 1:14). 그분은 바로 예수그리스도이시며 성자가 성부와 동일 본체이시며 동일한 영광과 위엄을 지니신 분이심을 말씀하고 있습니다. 다니엘은 불이 마치 강물처럼 흘러나오고 있었다고 기록합니다(10). 이렇게 흘러나오는 심판으로서의 불은 세상 나라들, 특히 작은 뿔이 상징하는 적그리스도를 심판하는 불입니다. 심판의 불은 적그리스도를 포함한 모든 악한 세력들에 대한 심판을 끝낼 때까지 하나님의 보좌에서 계속해서 흘러나옵니다. 심판과 생명의 주관자 이신 그리스도는 책들을 가지고 계십니다(10). 하나님의 심판이 행위를 기록한 책에 근거한다는 것은 그분의 심판이 절대로 감정에 치우치지 않는 공정한 심판임을 말합니다. 다니엘은 심판의 장면을 자신이 정확하게 보았다는 사실을 강조하고 있습니다(11). 이는 이 세상에서 악인들의 통치로 고난을 당하고 있는 하나님의 의로운 백성에게 큰 위로가 됩니다. 현재 악한 자들의 통치에서 고난을 당하고 있지만 그리스도의 심판으로 더 소망을 가지게 됩니다.

예수님은 하나님의 보좌우편에 앉아 계시다가 세상을 심판하기 위해 하늘 구름을 타고 재림하실 것입니다. 이와 같이 인자 같은 이가 그렇게 오신다고 하십니다(13). 그리스도의 통치권과 그의 왕국이 영원히 무너지지 아니하며 견고하게 설 것을 강조합니다. 예수님의 권세는 영원히 소멸되지 않는 통치권을 의미합니다.

레나 테일러는 선교현장의 이야기를 기록하면서 "모든 것이 좋다고 가장하려고 할 때 우리는 더 이상 성장할 수 없게 된다."라고 하였습니다. 신앙생활에서도 불편한 일들을 피하고 도전하지 않는 삶들은 늘 위험상황에서 믿음으로 자리 잡지 못합니다. 그것은 오히려 고난 없는 무기력한 신앙을 가지게 되었습니다. 화원에서 자라는 화초와 동물원에서 터를 잡은 맹수들과 같은 이치인 것 같습니다. 모든 것이 좋다고 가장하는 것은 문제와 고난에 대해서 고민하거나 기도하지 않는 것입니다. 바로 안전제일을 믿음보다 더 의지하는 것 같습니다. 그러나 나의 구주는 고난 가운데 위기 속에 있는 이들에게 큰 도움이시며 능력이십니다. 성장하고 도전하는 믿음의 삶을 능력의 주님께 의지함으로 살아가길 소망합니다. 지금은 모두가 조용히 정체되어 있는 분위기입니다. 한국갤럽의 조사에 의하면 일주일에 한 번 이상 교회를 방문하는 일이 2014년에는 80%였지만 2021년 4월에는 57%로 감소하였습니다. 신앙의 위험을 피하고 믿음의 도전을 망각하고 살고 있는 것 같습니다. 이 땅의 왕이신 그리스도가 오시는 대림절을 기다리는 이들에게는 큰 위로가 있습니다. 주님은 우리의 능력이시며 승리이시기 때문입니다.

기도

우리가 영적인 전쟁에서 힘이 없을 때에 나의 구주는 심판자이시며 구원자이심을 믿고 의지합니다. 지금은 모두가 신음하며 제한된 믿음의 삶을 살아갑니다. 그러나 최후승리를 주시는 주님을 의지하오니 다시 나의, 우리들의 고난의 삶에 오시길 소망 합니다.

아브라함과 다윗의 자손 예수 그리스도

마태복음 1장 1-25절

"아브라함과 다윗의 자손 예수 그리스도의 계보라 ……. 아들을 낳으
리니 이름을 예수라 하라 이는 그가 자기 백성을 그들의 죄에서 구원
할 자이심이라 하니라"

아브라함으로 시작하여 요셉까지의 기록들은 예수님
의 조상들에 대한 계보만을 알려주는 것이 아닙니
다. 인물들의 단순한 기록보다는 예수님께서 이스라엘에게
약속된 메시아라는 사실을 입증해 보여 주는 중요한 이름
들입니다. 이 예수님의 계보는 마태가 기록한 것이며 이스라
엘의 역사 전체와 관련되어 있습니다. 마태가 기록한 계보의
처음 조상은 아브라함으로 시작합니다(2). 마태가 기록한 계

보의 특징이 존재합니다. 먼저 이스라엘왕조의 시작과 끝이라는 점에서 이스라엘 역사의 중대한 전환점들인 다윗과 바벨론 포로 사건입니다(1-7). 계보는 예수 그리스도와 다윗 그리고 아브라함(1)으로 시작하고 아브라함, 다윗, 그리스도(17)로 마침으로 계보 전체를 세 이름들로 강조하고 있습니다. 이것은 예수님께서 이스라엘 역사와 다윗 왕조의 목표를 성취한 그리스도이시라는 사실을 강조하고 있습니다. 또한 마태복음의 계보는 왕의 계보입니다. 이러한 사실은 누가의 계보와 차이가 있습니다. 마태는 유다 왕들의 이름을 나열하고 있지만 누가는 마태와는 전혀 다른 형태의 기술을 하고 있습니다. 이는 예수님은 독자들에게 그들의 왕으로 제시하려는 마태의 의도를 나타내 줍니다. 특히 마태가 기록한 예수님의 계보(1:1-17)는 이스라엘 역사의 새로운 시작으로, 그리고 예수 자신을 이스라엘 역사를 통해 기대되어 왔던 다윗의 자손 메시아로, 그러면서 동시에 온 인류를 위한 메시아로 확증합니다. 그러기에 예수님은 죄에서 우리들을 구원하시는 분이심을 기록합니다(21). 구약에서 예언하였던 그리스도가 오신 것입니다. 그 약속은 성취되었고 언약은 완성되며 예수님을 통하여 하나님나라가 임재하게 된 것입니다. 누구나 구원자 되신 예수님을 영접하면 구원을 받게 됩니다. 오랫동안 기다리던 하나님의 약속이 이루어진 현장입니다.

늘 함께 할 것 같았던 부모님은 지상에서 하나님의 도성으로 가셨습니다. 가까이 있는 부모님의 묘지에 가는 일은 늘 새롭습니다. 묘비에는 십자가의 형상과 부모님의 이름이 앞에 새겨져 있습니다. 잡초는 제거하고 묘비는 빛나게 합니다. 잔디는 매우 변덕스러워 관리하기가 쉽지 않습니다. 하늘의 까마귀는 소리 내어 울기도 하고 바람은 요란하게 지나갑니다. 어머니를 그리워한 아버지는 자녀들을 축복하시던 시간을 지나 이제 이곳에 함께 어머니와 계십니다. 그리고 다시 우리들은 그곳을 찾아 기도하며 천국에서 다시 만날 날을 소망 합니다. 오랜 시간 동안 기도하시던 모든 것들이 마침내 지상에서 이루어질 것을 소망합니다. 우리들에게 들려주셨던 하나님으로부터 받은 축복의 약속들. 늘 그것들은 나의 마음에 떠나지 않습니다.

하나님께서 예수님을 통하여 이루고자 하시는 구원의 언

약은 열방을 향하신 약속이십니다. 이제 하늘의 보좌에서 차가운 바람을 막을 강보에 싸여 이 땅에 오신 구유의 주님. 오래전 믿음의 사람들에게 약속하셨던 그 언약이 이제 대림절을 맞이하여 다시 희미한 우리들의 기억에 새겨지게 하십니다. 세상은 하나님의 약속을 기다렸고 이제 이루어진 구원의 약속과 선물에 노래하며 행진 할 것입니다.

기도

그동안 믿음으로 살아온 선배님들의 고백들은 늘 약속의 완성이었습니다. 그분들이 받은 약속들이 지금 나의 마음에도 다시 새겨지고 이루어짐을 기억하고 감사하게 하옵소서.

묵상노트

대림절 묵상
넷째 주

하나님의 아들 예수 그리스도

마가복음 1장 1-8절

"하나님의 아들 예수 그리스도의 복음의 시작이라"

본문 1절은 참으로 놀라운 시작을 선포합니다. 세상에서 가장 웅대하고 가장 영광스러운 것이 예수 그리스도의 복음, 곧 온 인류에게 좋은 소식입니다. 예수 그리스도의 복음은 기록되기 전 먼저 구두로 전해졌고, 후에 네 복음서 기자가 기록으로 우리에게 복음을 전했습니다.

마가는 마태와 다르게 예수님의 족보로부터 시작하지 않고, 누가처럼 예수님의 탄생의 기사로부터 시작하지 않고, 요한처럼 영원한 말씀에 대한 교리로부터 시작하지 않고, 예수 그리스도를 사람들 가운데 다니며 일하시는 하나님의 아들로 소개합니다. 마가는 예수님을 아브라함의 자손이라거나 다윗의 자손, 혹은 아담의 자손이라 하지 않고 하나님의 아들이라 쓰고 있습니다. 이것은 예수님의 구주되심과 예수님의 신성을 표현한 것입니다. 예수님만이 구주이십니다. "다른 이로서는 구원을 얻을 수 없나니 천하 인간에 구원을 얻을 만한 다른 이름을 우리에게 주신 일이 없음이니라"(행 4:12). 예수님의 구주되심은 영광스럽습니다.

하나님의 아들 예수 그리스도는 타락한 사람을 향한 하나님 사랑의 결과이자 증거이며, 하나님의 전달자로 오셨습니다. 하나님의 아들 예수 그리스도는 창조주로부터 소외된 인간을 구원하시는 관계회복을 위해 오셨습니다. 하나님의 아들 예수 그리스도는 만물을 자기와 화목케 하시기 위해 오셨습니다.

하나님의 아들 예수 그리스도가 오시는 길을 예비한 세례 요한은 저의 어린 시절 신앙의 모델이었습니다. 모태신앙인

저에게는 예수님을 위해 세례요한처럼 산다는 것은 매우 멋진 삶이라고 생각했고, 그렇게 살아야겠다고 다짐을 했던 기억이 지금도 생생합니다. 어린 시절 세례요한을 왜 닮고자 했을까? 예수님 보다 앞에 와서 예수님 오실 길을 예비한 자였다는 것이 마음에 들었고, 낙타털옷을 입고 메뚜기와 석청을 먹고, 빈들에서 지낸 삶을 청빈한 삶으로 보고 예수님 전하는 사람은 이렇게 살아야 되는가 보다 했습니다. 세례요한의 '내 뒤에 오시는 이가 메시야'라고 '나는 그 분의 신발끈 풀기도 부족한 사람'이라고 고백하는 겸손함이 참으로 멋있는 사람이라고 생각했습니다. 그래서 닮고자 했던 것 같습니다. 지금 생각해 보면 어린아이다운 생각이었지만 감사한 것은 그 생각이 변하지 않고 하나님의 아들 예수 그리스도의 복음을 전하는 일에 지금까지 헌신하고 있다는 사실이 너무 감사입니다. 쓰시는 그 날까지 계속하여 하나님의 아들 예수 그리스도의 복음을 증언하는 일에 쓰임 받기를 원합니다.

자신의 사명과 자신의 본분을 알고 사는 사람은 훌륭한 사람입니다. 복된 소식으로 오시는 메시야의 길을 준비하였던 세례요한은 청지기의식과 목적의식이 분명했습니다. 초림의 예수님이 오시는 길을 예비한 세례요한처럼, 다시 오시는 하나님의 아들 예수 그리스도의 길을 준비하는 세례요한과 같은 사람들이 이 시대에 많아야 합니다.

기도

온 인류를 구원하러 이 땅에 오신 예수님께 감사드리며 세례요한과 같이 멋진 주의 길을 예비하는 자로 살게 하소서.

묵상노트

우리 중에 이루어진 사실 예수 그리스도

누가복음 1장 1-4절

> "우리 중에 이루어진 사실에 대하여 처음부터 목격자와 말씀의 일꾼
> 된 자들이 전하여 준 그대로 내력을 저술하려고 붓을 든 사람이 많은
> 지라"

누가복음의 처음 네 구절은 이 책에 대한 누가의 소개입
니다. 이 구절들은 면밀히 연구할 가치가 있습니다. 이
구절들이 나머지 부분 전체의 토대가 되기 때문입니다. 교회
의 1세대는 사도 시대였습니다. 1세대에는 예수님을 개인적
으로 알던 사람들이 많이 있었습니다. 예수님에 대해 그들
에게 말해 줄 책은 필요하지 않았습니다. 그들의 기억과 마
음과 정신은 예수님으로 가득 차 있었기 때문입니다. 그들은

정리된 이야기 형태로 자신들의 지식을 다른 사람들에게 전해주지도 않았습니다. 그러나 그 다음 세대는 누가와 같은 사람이 속한 세대로, 1세대와는 입장이 다릅니다. 사도시대 이후의 사람들은 예수님의 말씀과 행동이 "우리 중에 이루어진 사실"로, 곧 예수님에 대한 이야기는 이미 이루어진 사실이라고 말합니다.

누가는 예수님에 대한 뜨거운 갈망을 가진 데오빌로를 위해 우리 중에 이루어진 사실과, 전하여준 그대로, 복음의 원체험자는 아니지만 모든 이야기를 근원부터 자세히 미루어 살펴본 뒤 완전히 자신의 체험적 지식으로 받아들인 후에 방대한 복음서를 기록합니다.

하나님은 죄인을 구원하시기 위해 수천 년 역사를 통해 예수님의 십자가의 속죄를 차근차근 준비하고 이루셨습니다. 우리 중에 이루어진 사실이란 예수님의 십자가와 부활이 실제로 일어난 역사적인 현장임을 의미합니다.

누가복음의 수신자인 데오빌로의 모습을 상상해 보았습니다. 복음서를 처음 받아들고 감격에 빠졌을 것입니다. 그랬

다면 밤을 새워 이 성경을 읽었을 것입니다. 우리에게 복음에 대한 이런 감격이 있는지 곰곰이 생각해 보아야 합니다. 이 시대에 복음에 감격하는 자들이 과연 얼마나 될까요? 밤을 새워 가며 말씀을 읽고 그 말씀이 사실인가 하여 깊이 생각하며 기도하는 자들이 많기를 바랍니다.

데오빌로 당시엔 로마 황제가 신의 아들이고, 신이었습니다. 예수 그리스도를 하나님의 아들로, 왕으로 고백하는 신앙을 로마 관료가 가진다는 것은 황제에 대한 반역이었습니다. 데오빌로는 어쩌면 위험한 선택을 한 것입니다. 예수 그리스도의 복음을 위하여 생명을 드릴 수 있느냐? 는 질문에 그렇다! 고 큰소리로 대답하는 사람들도 진정 위험 앞에서는 생명을 먼저 움켜잡는 어리석은 모습을 봅니다. 우리에게는 좀 더 확실한 믿음이 필요합니다. 믿음은 예수 그리스도의 복음을 위해 내 것, 내 삶, 내 생명을 포기한 만큼 얻습니다. 예수님께서 하나님의 아들이시고 나와 온 인류에게 참된 복음임을 확신할 때 내가 포기되어질 수 있습니다. 내가 부인되어지고 포기될 때 참 복음이신 예수님을 얻을 수 있습니다.

데오빌로의 이름은 '하나님의 친구, 하나님의 사랑 받은 자' 란 뜻을 가지고 있습니다. 하나님의 친구가 되기를 원합니다. 하나님의 사랑 받는 자가 되기를 원합니다.

기도

예수님을 통하여 인류 구원의 계획을 이루신 하나님. 십자가의 구속의 은혜가 우리를 살리셨음을 믿습니다. 구속의 은혜는 어떠한 어려움에도 믿음을 지켜 승리하는 삶을 살게 합니다. 구속의 은혜 앞에 복음전도의 사명을 잘 감당하게 하옵소서.

묵상노트

창조주 하나님이신 예수 그리스도

요한복음 1장 1-13절

> "태초에 말씀이 계시니라 이 말씀이 하나님과 함께 계셨으니 이 말씀
> 은 곧 하나님이시니라"

말씀이 계셨습니다. 말씀이 육신이 되어 세상에 오셨습니다. 태초부터 하나님과 함께 계신 하나님이 육신의 몸으로 세상에 오셨습니다. 요한복음 1장 1절의 '태초'는 창세기 1장 1절의 '태초'보다 먼저입니다. 왜냐하면 창조 전부터 말씀이 존재했고 말씀으로 세상을 만들었기 때문입니다. 이 태초부터 계신 '말씀'은 예수님을 지칭합니다.

천하 만물이 그 (말씀)로 말미암아 지은바 되었으니 천하의 생명 가진 것 그 어느 것도 그가 손으로 매만져 복 주지 않으

신 것이 없으십니다. 예수님은 영원 전부터 계신 하나님으로서 창조의 사역에 동참하신 분이십니다. 하늘 아래 피조 세계의 위치를 다 알고, 또 권세와 능력으로 만드신 모든 피조물들을 책임지겠다는 의지가 온 몸으로 느껴집니다.

창조자 예수님은 생명의 근원이십니다. 그는 빛이요, 그 안에 생명이 있었으니 그 생명의 빛으로 만유를 지키십니다. 모든 창조의 근본으로 창조세계의 모든 것들이 그로 말미암아 지은바 되었는데, 말씀으로 만물을 지으셨습니다. 예수님께서 '있으라' 명하면 그대로 되었습니다. 우리는 예수님이 지으신 피조물입니다. 그러나 영접하지 않습니다. 창조주의 신실하심을 믿지 않습니다. 그러나 영접하는 자 곧 그 이름을 믿는 자들에게는 하나님의 자녀가 되는 권세를 주셨습니다. 예수님은 "죽은 나사로를 살리신 사건(요 11장)"으로 당신이 생명의 근원이심을 보이십니다. "바람과 물결을 꾸짖어 잔잔케 하신 사건(눅 8:24)"으로 예수님은 환경을 지배하는 창조주이심을 보이십니다.

나를 만드신 창조주 하나님을 믿습니다. 창조주 하나님이 예수님이심을 믿습니다. 예수님을 떠나서는 하나님이 창조하신 대로 사람은 살 수 없습니다. 예수님이 피조물을 계속해서 유지하시는 분이시기 때문입니다.

우주만물은 하나님이 손수 만드셨기 때문에 선하고 아름답습니다. 그러기에 자연은 존중되고 보존되어야 합니다. 오늘날 갖가지 환경재앙들은 인간의 오만과 독선이 끊임없이 분출되기 때문입니다. 각종 생물이 멸종하고, 산림이 황폐해지고, 땅이 부식되고, 강과 바다가 오염되고, 오존층이 감소하는 것은 만물을 생겨나게 하신 하나님의 창조행위에 어긋나는 것입니다. 창조주 하나님께 드려야 할 영광을 가로채려 하기 때문입니다. 인간은 더 낮아져야 합니다.

시편 19:1을 통해 "하늘이 하나님의 영광을 선포하고 궁창이 그 손으로 하신 일을 나타내는도다." 우주는 창조주 하나님의 위대성을 선포합니다.

기도

우주만물을 창조하시고 때를 따라 입히시고 먹이시는 하나님을 소리 높여 찬송합니다. 나는 하나님을 떠나서는 살 수 없는 존재임을 고백합니다.

묵상노트

메시야를 기다리는 사람들

누가복음 2장 22-39절

> "예루살렘에 시므온이라 하는 사람이 있으니 이 사람은 의롭고 경건
> 하여 이스라엘의 위로를 기다리는 자라 성령이 그 위에 계시더라"

구약성경 가운데 면면히 흐르는 사상 중 하나가 메시야 사상입니다. 특별히 이사야서에는 메시야가 다윗의 계통에서 나올 것을 말씀하고 있습니다. 그리고 메시야는 베들레헴에 오실 것과 유대인의 왕으로 오실 것을 말씀하고 있습니다. 그러기에 예수님 당시에도 대 제사장, 서기관, 바리새인들은 메시야를 기다리고 있었습니다. 로마 통치 아래에서 사람들은 도덕적으로 타락하고, 절망 속에서 힘든 생활

을 하고 있었기 때문에 메시야가 오시기를 더 기다린 시기였습니다.

이런 상황 가운데서 하나님을 경외하며, 경건한 삶을 살았던 두 사람이 있습니다. 그들은 시므온과 여선지자 안나 입니다. 누가의 묘사에서 이 두 사람은 '한 쌍을 이루는' 인물들입니다. 두 사람 다 늙었습니다. 두 사람 모두 독실한 신앙심을 가지고 있으며, "이스라엘의 위로"와 "예루살렘의 속량"을 고대하고 있습니다. 400년 동안 계시의 말씀이 없다가이제 두 선지자에게 하나님의 계시가 임한 것입니다. 하나님의 특별한 은총입니다.

예수님의 부모인 요셉과 마리아가 모세의 법대로 정결의식을 행하기 위해서 예루살렘에 올라 왔습니다. 그 때 예루살렘에 시므온이 있었습니다. 그는 하나님의 약속을 굳게 믿고 오랫동안 메시야를 대망해 왔던 사람입니다. 그는 의롭고 경건한 자로 이스라엘의 구원을 위하여 늘 기도하는 사람이었습니다. 이러한 시므온에게 하나님께서 성령을 통하여 말씀하십니다. 그에게 성령이 임하시사 '시므온의 노래'(29-32절)로 하나님께 감사를 드렸습니다. 그의 감사는 예수님 안에서 발견될 구원이 모든 사람을 위한 것이라는 사실을 말해줍니다.

메시야를 기다린 두 번째 노인은 안나라는 여 선지자입니다. 시므온처럼 하나님의 위로를 기다렸습니다. 성전을 떠나지 아니하고 주야로 금식하고 예루살렘의 구원을 위해서 기도하였습니다. 자신을 위한 기도가 아니라, 유대 나라와 예루살렘 즉 하나님나라와 이스라엘의 회복을 위해서 기도했다는 사실입니다. 마침내 메시야이신 아기 예수를 만났습니다. 탄생하신 메시야를 품에 안는 영광을 얻었습니다. 그는 일어나서 나아가 내가 메시야를 만났다고 선포하고 증거 하였습니다.

교부 터툴리안은 "신앙이란 불을 켜놓고 기다리는 것이다"라고 했습니다. 벤자민 프랭클린은 "기다릴 줄 아는 사람은 바라는 것을 가질 수 있다"라고 했습니다. 기다릴 줄 아는 사람은 설렘이 있습니다. 기다리는 사람은 만남의 기쁨이 있습니다. 기다리는 사람은 반드시 만납니다. 찬송가 85장 가사의 한 소절입니다. "구주를 생각만 해도 내 맘이 좋거든 주

얼굴 뵈올 때에야 얼마나 좋으랴."

　이 찬송은 불러도 또 다시 불러도 늘 감사의 눈물이 납니다. 시므온과 안나는 그 오랜 시간 그들의 전 인생을 다하여 메시야를 기다리고 기다렸는데 그 갈망은 식어지지 않았고, 기도는 포기되지 않았습니다. 그리고 메시야를 만났습니다.

기도

타락하고 암울한 시대에도 주님을 사모하는 자들이 있었고 그들이 경건함과 의로움을 잃지 않았듯이 자신만을 위함이 아니라 하나님의 구원과 하나님 나라를 위해 더 기도하게 하소서. 이 땅에 하나님의 나라를 이루시옵소서.

묵상노트

돌이켜 회개하라

사도행전 3장 11-26절

> "그러므로 너희가 회개하고 돌이켜 너희 죄 없이함을 받으라 이같이
> 하면 새롭게 되는 날이 주 앞으로부터 이를 것이요"

본문은 성전 미문에서 구걸하던 앉은뱅이를 예수님의 이름으로 일으켜 세운 후, 이 광경을 보고 놀라는 사람들을 향한 베드로의 증언입니다. 베드로는 이 증언에서 그리스도이신 예수님과 관련된 몇 가지를 선포합니다. 첫째, 앉은뱅이가 일어선 것은 사람이 할 수 있는 것이 아니라 예수님 이름의 능력이다(16절). 둘째, 예수님은 하나님의 거룩하고 의로운 종이시다(13-14절). 셋째, 예수님은 모세가 말한

선지자요(22절), 하나님께서 아브라함에게 말씀하신 "너의 씨"이시다(25절). 넷째, 예수님은 생명의 주 이신데 그분을 너희가 죽였다(15절 상). 다섯째, 하나님은 너희가 죽인 예수님을 죽은 자 가운데서 살리셨다. 곧 예수님은 부활하셨다(15절 하). 여섯째, 너희가 예수님을 죽인 것은 너희가 알지 못하여 행한 것이다(17절). 그러므로 너희가 회개하고 돌이켜 너희 죄 없이 함을 받으라(19절). 마지막으로 하나님은 너희의 회개로 말미암아 너희를 위하여 예정하신 그리스도 예수를 보내실 것이다(20절).

베드로의 증언을 요약하면, 예수님은 그리스도로 오셨는데(초림) 너희가 죽였고 너희가 너희의 잘못을 회개하고 돌이키면 너희를 위해 예수님은 다시 오신다는 것(재림)입니다. 그러므로 베드로의 증언의 선포는 당시 이스라엘 사람들에게, 오늘 우리들에게 주시는 하나님의 음성입니다. "돌이켜 회개하라!" 왜냐하면 그리스도이신 예수님이 다시 오시기 때문입니다. 이것이 하나님께서 우리에게 주시는 진정한 축복입니다. 돌이켜 회개하라! 보편적인 구원을 이루시려는 하나님의 뜻은 예루살렘 성전이 아닌 예수님의 이름이 선포되는 어느 곳에서든지 이루어질 것입니다. 하나님은 누구든지 죄의 길에서 돌이켜 회개하면 용서하시고 구원의 자리에 서게 하십니다. 너희가 하나님의 아들을 죽였구나! 그러나 돌이켜 회개하라.

"이 세상에서 가장 미친 사람은 회개하지 않았으면서 아무 가책이나 감각 없이 그대로 살아가는 완고한 죄인입니다" 사람들은 고통으로부터 구원 얻는 것은 원하지만, 죄를 짓는 것으로 부터 구원받는 것은 원하지 않는다고 합니다. 자신의 삶이 구원받기는 원하면서도 여전히 정욕(죄)을 버리지 않습니다. 죄의 일부를 버리는 것은 만족하지만, 완전히 돌아서지는 못합니다. 우리는 회개하지 않는 한 죄의 종입니다. 하나님의 언약 안으로 들어오지 않는다면, 죄는 나를 다스리고 지배할 것입니다. 돌이켜 회개하십시오. 하나님의 언약 안으로 들어오십시오. 성경은 몇 가지 죄를 제외하고는 어떤 죄든지 하나님께 용서 받을 수 있다고 말씀합니다. 하나님은 사람의 죄 문제 때문에 그리스도를 보낼 계획을 하셨습니다. 하나님의 아들이신 예수님은 사람의 죄 문제 해결을 위해서 이 땅에 오셨습니다. 하나님은 예수님 안에서 구원을 성취하셨습니다. 그리고 다시 사람의 죄 문제 해결을 위해 예수님은 오십니다.

기도

날마다 세상의 삶 속에서 때로는 내 의지와 상관없이, 때로는 고의적으로 하나님 앞에 죄인으로 삽니다. 날마다 회개하는 마음으로 살게 하시고 날마다 주님을 대망하며 살게 하소서.

묵상노트

하나님을 찬송하라

에베소서 1장 3-14절

> "찬송하리로다 하나님 곧 우리 주 예수 그리스도의 아버지께서 그리스도 안에서 하늘에 속한 모든 신령한 복을 우리에게 주시되"

본문은 가장 밀도 있게, 가장 아름답게 하나님의 구원을 찬송하는 말씀입니다. 찬송으로 시작해서 찬송으로 끝나고 있습니다. 이 찬송은 창세 이전의 선택으로부터 십자가에서 일어난 역사적 구원 사건을 거쳐서 미래의 최종 완성에 이르는 하나님의 구원계획과 활동을 노래하고 있습니다.

성부 하나님의 영광을 찬송합니다(3-6절). 하나님은 그리스도 안에서 하늘에 속한 모든 신령한 복을 우리에게 주셨습니다. 하나님은 창세 전에 구원과 복, 그리고 그의 앞에서 거룩하고 흠이 없게 하시려고 우리를 선택하셨습니다. 하나님은 사랑으로 우리를 당신의 아들이 되게 하셨습니다. 우리에게 그의 은혜를 값없이 풍부하게 선물로 주셨습니다.

성자 하나님의 영광을 찬송합니다(7-12절). 죄인인 우리는 죄 없으신 독생자의 피 값으로 속죄함을 받고 자유와 부요를 누리게 되었습니다. 당신의 깊은 뜻을 이해할 수 있도록 지혜와 총명이 넘치게 하셨습니다. 하나님의 때가 오면 그리스도를 머리로 그 권위에 복종하며 사람과 만물을 하나님께로 회복시키십니다.

성령 하나님의 영광을 찬송합니다(13-14절). 진리의 말씀, 곧 구원의 복음을 듣게 하여 그 복음이 먼저 우리에게 다음에 너희에게로 이르게 하였습니다. 그 복음을 믿고 구원받게 하시고 둘을 화목하게 하셨습니다. 그는 우리 신자에게 하나님의 소유임을, 하나님과 개인적으로 친교 할 수 있는 권리를 가진 자들임을 확신하게 하였습니다. 찬송은 하나님께 영광을 돌리는 성도의 존재와 삶, 그 자체여야 합니다.

바울서신은 대부분 하나님을 찬송 또는 기도로 시작합니다. 어떤 주석가는 본문의 내용을 "수 많은 고리를 이어놓은 황금사슬"로 표현했습니다. 하나님께서 우리에게 주시는 하늘의 신령한 복이 여기에 다 걸려 있다고 합니다. 하나님은 이 신령한 복들을 나만이 아닌 우리에게 주셨습니다. 우리 모두를 같은 예수님을 통하여 자녀로 삼으셨습니다. 모두에게 같은 복을 주셨습니다. 하나님은 그리스도 안에서 우리를 하나 되게 하셨는데, 그 이유는 우리 모두를 통해 동일한 영광, 동일한 찬송을 받으시기 위함입니다. 그리스도가 오셔야 내가 그 안에 있을 수 있는 기회가 주어집니다.

개인주의가 만연한 시대를 살고 있습니다. 나만 좋으면 되고, 나만 가지면 되고, 나만 편하면 되고, 나만 만족하면 되고, 나 혼자를 위한 시대가 진행되고 있습니다. 그러나 하나님은 나 개인만이 아닌 우리라는 공동체에 관심을 가지고 계십니다. 하나님은 우리 모두가 그리스도 안에서 복 받기를 원하십니다. 우리 모두가 함께 부르는 하나님을 위한 찬송을 받기 원하십니다. "이 백성은 내가 나를 위하여 지었나니 나의 찬송을 부르게 하려 함이니라"고 말씀합니다(사 43:21). 하나님이 우리를 지으신 분명한 목적입니다. 하나님의 목적을 깨닫고, 하나님을 위해서 그를 영화롭게 하며, 감사하며 사는 우리 모두가 되어야만 합니다.

기도

찬송 받으시기에 합당하신 하나님. 날마다의 삶이 하나님을 향한 찬송이 되길 소원하며 그리스도 예수 안에서 신령한 축복을 누리게 하옵소서. 내 삶의 이유가 하나님께만 찬송하기 위함이 되게 하옵소서.

묵상노트

주 예수여 오시옵소서

요한계시록 22장 6-21절

> "이것들을 증언하신 이가 이르시되 내가 진실로 속히 오리라 하시거늘 아멘 주 예수여 오시옵소서"

예수님은 요한계시록에 기록된 예언의 말씀을 인봉하지 말라고 하십니다. 때가 가깝기 때문입니다. 우리 앞에는 분명 그리스도 재림의 날이 준비되어 있음을 말씀하십니다. 본문은 계시록의 결론입니다. 여기에서 요한은 세 가지 주제를 또렷이 표현하고 있습니다. 그것은 진술된 환상의 진정성, 그리스도 재림의 임박, 다가올 완성에 비추어 본 거룩함의 필수성입니다.

요한은 "또 그가 내게 말하기를 이 말은 신실하고 참된지라"고 진술된 환상의 진정성을 표현합니다(6절). 이것은 1장부터 22장까지 계시된 말씀이 "거짓이 없고 반드시 이루어질 일"이라는 것입니다. 왜냐하면 계시록의 말씀은 가브리엘 천사를 통하여 사도 요한에게 주셔서 기록하게 하신 예수 그리스도의 말씀이기 때문입니다.

계속해서 요한은 예수 그리스도의 재림이 임박함을 알립니다. "보라 내가 속히 오리니"(7,12절), "내가 진실로 속히 오리라"(20절)고 본문에서 3회를 강조합니다. "내가 속히 오리라"는 말씀은 예수님의 재림이 매우 가까이 왔음을 뜻합니다. 복이 있는 사람은 예언된 말씀을 신뢰하고 끝까지 믿음을 지켜야 합니다. 예수님을 신랑으로 맞을 수 있는 준비가 다 되어 있어야 합니다.

계시록의 마지막 약속에 대한 요한의 대답은 아람어 모토인 '마라나타'와 일치합니다. "내가 진실로 속히 오리라"는 약속은 모든 약속의 극치입니다. 그리고 "아멘 주 예수여 오시옵소서"라는 대답은 모든 살아있는 자들의 소망의 총합입니다. 하늘 문을 열고 요한에게 들려주신 계시록의 말씀은 '내가 속히 오리라'는 주님의 말씀에 '아멘'으로 끝을 맺고 있습니다.

교회와 모든 성도는 "아멘 주 예수여 오시옵소서"로 화답

합니다. 이것은 성령에 의하여 감동된 신부가 간절히 간구하는 기도입니다. 다시 오시겠다 하시는 말씀에 '아멘'하는 것은 그 날을 기다리며 살겠다는 다짐입니다. 한번 보고 말 것이 아니라 다시 만날 때에도 여전히 같은 모습으로 만나리라는 결단입니다. 다시 오실 때에 기쁨으로 맞이할 수 있도록 살겠다는 강한 의지의 응답입니다.

저는 어렸을 때 엄마가 5일마다 열리는 시골 장에 가시면 언제나 동구 밖에 나가 기다렸던 기억들이 있습니다. 엄마가 언제 오시려나? 오늘은 풀빵을 사오실까? 내 고무신은 사오시려나? 엄마가 장에 가실 때는 '얘야 이것을 해 놓으렴' 하고 가십니다. 그러면 가시자마자 열심히 그 일을 합니다. 그리고 시키지 않은 일까지 해 놓습니다. 그리고 기다립니다. 칭찬받기 위해서였습니다. 어쩔 때는 오실 때가 넘었는데도 오시지 않습니다. 그러나 즐겁게 기다립니다. 칭찬받을 생각에, 풀빵 먹을 생각에, 새 고무신 신을 생각에 지루하지 않습니다. 먼 거리에 엄마 모습이 보이면 힘껏 달려갑니다. 더 빨리 만나기 위해서 입니다. 그렇게 그 만남이 좋을 수가 없었습니다. 그런데 어떤 날은 장에 가신 엄마가 안 오셨으면 좋겠다는 날도 있었습니다. 시키신 일을 하다가 실수하여 일을 망가뜨려 놓

앗을 때는 엄마가 기다려지지 않습니다. 오시면 혼날 일이 두렵습니다. 어딘가 숨고 싶은 적도 있었습니다.

다시 오실 주님은 심판주로 오십니다. "개들과 술객들과 행음자들과 살인자들과 우상 숭배자들과 및 거짓말을 좋아하며 지어내는 자마다 성 밖에 있으리라" "만일 누구든지 이 책의 예언의 말씀에서 제하여 버리면 하나님이 이 책에 기록된 생명나무와 및 거룩한 성에 참예함을 제하여 버리시리라"고 선언하십니다. 예수님 오시는 그 날은 달려가 더 빨리 만나고픈 만남이었으면 좋겠습니다. 예수님 다시 오시는 그 날까지 하나님의 말씀을 끝까지 지키는 자들에게는 약속된 구원의 완성이 성취되는 놀라운 축복을 누리게 될 것이기 때문입니다.

대림절 마지막 날입니다. 내일이면 예수님 탄생일입니다. 함께 축하하며 다시 오실 예수님을 함께 기다리지 않으시렵니까?

기도

나를 구원하시고자 예수님을 보내주심을 감사드리며, 예수님을 나의 구주로 영접하게 해주셔서 감사합니다. 성령님을 통하여 말씀이 믿어지게 하시고 끝까지 믿음 지키게 하셔서 감사합니다. 다시 오실 예수님을 기다립니다. 속히 오실 예수님을 기다립니다.

대림절 묵상

예수 그리스도
ADVENT MEDITATIONS

발　　　행 | 2021년 11월 15일

발 행 처 | 예수교대한성결교회 총회(도서출판JKSC)

발 행 인 | 이상문 목사

편　　　집 | 총회 교육국

등　　　록 | 1974.2.1. No. 300-1974-2

www.sungkyul.org

I S B N | 978-89-94625-72-0 03230

보 급 처 | 총회 교육국 070-7132-0020

제　　　작 | 도서출판 하늘기획

표지 이미지 | Zvonimir Atletic / Shutterstock.com